Thomas Ebermann

Störung im Betriebsablauf

Systemirrelevante Betrachtungen zur Pandemie

Thomas Ebermann

Störung im Betriebsablauf

Systemirrelevante Betrachtungen zur Pandemie

Mit einem Beitrag von Johannes Creutzer

konkret texte 80
KVV **konkret**, Hamburg 2021
Titelmotiv: Shutterstock/Kannittha
Lektorat: Philipp Schmidt/Wolfgang Schneider
Gestaltung & Satz: Niki Bong
Druck: Docupoint
ISBN 978-3-930786-94-7

Inhalt

Vorbemerkung

Der erste Teil dieses Bandes wurde im Sommer 2020 verfasst. Anlass war die Einladung zu einem Vortrag am 18. September in München. Dieser wurde lediglich sprachlich zurückhaltend verbessert, und die Kürzungen, die dafür sorgen sollten, dass den Zuhörern nicht viel mehr als zwei Stunden Aufmerksamkeit abverlangt wurden (im Freien!), wurden rückgängig gemacht. Das Lesen birgt bekanntlich den Vorteil, dass man die Freiheit gewinnt, selbst zu bestimmen, wann man aussteigt, pausiert.

Garantieren kann ich, dass in empirischer und prognostischer Hinsicht keine Veränderungen vorgenommen wurden, dass ich mich nicht als klüger oder hellsichtiger stilisiert habe, als ich es zum jeweiligen Zeitpunkt war. Das gilt auch für die im Winter 2020 und Frühjahr 2021 formulierten Kapitel.

So ist, um ein Beispiel zu nennen, leicht zu erkennen, dass ich dem Impfen im Sommer 2020 noch kaum Aufmerksamkeit gewidmet habe. Ich und die mich beratenden, sachkundigen Freunde waren damals der Auffassung, dass die Entwicklung von Impfstoffen viel mehr Zeit in Anspruch nehmen würde, als sich dann als nötig erweisen sollte.

Lange habe ich gezögert, ob Abschnitte, die offensichtlich unfertig sind, die mein stilistisches Niveau unterschreiten und eher skizzieren, aufgenommen werden sollen. Dies gilt zum Beispiel für das kleine Kapitel »Die Ideologie des Todes«. Die Minderheit der Leser, die so etwas beurteilen kann, möge nachsichtig sein.

Wissend, dass den Leser Form und Inhalt des Textes interessiert und nicht, wie es dem Autor so geht, erlaube ich mir dennoch die folgende Erklärung: Ich bin seit dem Winter schlecht in Form und nehme das zum Anlass, mich endlich einmal in aller Öffentlichkeit von meiner Psyche, der alten Sau, zu distanzieren.

Rettend war die Zusammenarbeit mit Johannes Creutzer, der Material heranschaffte, analytische Überlegungen beisteuerte und der ein im besten Sinne diskussionsfreudiger Mensch ist. Wie man sieht, hatte er Lust, das Impfkapitel beizusteuern. Außerdem, das zu verschweigen hieße, sich mit fremden Federn schmücken, hat er in allen aktualisierenden Kapiteln Spuren hinterlassen.

Ebenso bedanken will ich mich bei meinen Lektoren, Philipp Schmidt und Wolfgang Schneider. Würde sich das Tempo meines Schreibens in diesem Winter verallgemeinern, **konkret** müsste zur Vierteljahreszeitschrift mutieren. Sie waren kluge und freundliche Verbesserer, Ergänzer und Antreiber.

Nun ist aber auch mal gut mit Befindlichkeit. Entscheidend ist schließlich, »was hinten rauskommmt« (Helmut Kohl). Wahrscheinlich ab dem Spätsommer – wenn die Pandemie es erlaubt – stehe ich zur Erläuterung und Verteidigung des hier Vertretenen zur Verfügung.

Thomas Ebermann
Hamburg, April 2021

Normalität, eine trostlose Hoffnung

Meine erste These lautet: Die Pandemie war nicht unvorhersehbar, aber unvorhergesehen. Ich will mit einem ehrlichen Selbstporträt beginnen, von dem ich annehme, dass sich einige Leser/innen darin erkennen. Ich habe bis tief in den Februar 2020 hinein die Ereignisse um Corona nur nebenbei verfolgt und die bürgerliche Berichterstattung über die Ereignisse in China gelesen. Zu Beginn machte man Peking den Vorwurf, das Virus verheimlicht und ärztliche Erkenntnisse unterdrückt zu haben; später folgte die Anschuldigung, es seien drakonische Maßnahmen ins Werk gesetzt worden, die in einer Demokratie undenkbar seien.

Mitte der achtziger Jahre formulierten Rainer Trampert und ich in dem Buch *Die Zukunft der Grünen. Ein realistisches Konzept für eine radikale Partei* (Konkret-Literatur-Verlag) zwölf Thesen – damals waren wir noch auf der Höhe der naturwissenschaftlichen Diskussion –, von denen ich nur drei kurz vorstelle. Erstens: Die Menschheit zerstört gegenwärtig ihre natürlichen Lebensgrundlagen. Zweitens: Diese Zerstörung hat offensichtlich mit den inneren Gesetzmäßigkeiten des Kapitalismus zu tun – Zwang zu Wachstum, Akkumulation, Profit. Um dieser Zerstörung Einhalt zu gebieten, muss der Kapitalismus selbst überwunden werden. Die Sicherung der natürlichen Lebensgrundlagen der Menschheit erfordert also drittens einschneidende Veränderungen in der Produktion und damit in den Konsumgewohnheiten der Mehrheit der Menschen.

Diese Thesen entstanden vor fast 35 Jahren und dienten als Ausgangspunkt für theoretische Reflexion und stoffliche Beweisführung. Damals kannte ich die polychlorierten Nephtaline, die Dibenzofurane, das 2,3,7,8-PCBB und andere toxische Stoffe nahezu persönlich. Das kann ich heute nicht mehr behaupten, wobei ich doch weiterhin Veröffentlichungen zur Kenntnis nehme, die sich mit den ökologischen, ökonomischen und sozialen Folgen der Klimakrise oder den verheerenden Auswirkungen des Exports toxischer Produktion in die Peripherie befassen. Autoren wie Tomasz Konicz, Stephan Lessenich und Ulrich Brand sind hier zu erwähnen. Keiner von ihnen, und das gilt auch für linke Zeitungen und Zeitschriften, hat jedoch eine Pandemie dieses Ausmaßes vorhergesehen.

Heute, ein halbes Jahr nach Ausbruch der Pandemie, sind die Studien und Prognosen der Weltgesundheitsorganisation (WHO) oder die der Bill and Melinda Gates Foundation einer breiten Öffentlichkeit bekannt, und die Stimmen kritischer marxistischer Forscher und Mahner werden vermehrt zur Kenntnis genommen. Beispielhaft sei auf das Buch *Was Covid-19 mit der ökologischen Krise, dem Raubbau an der Natur und dem Agrobusiness zu tun hat* (Papyrossa) von Rob Wallace verwiesen. Der politische Virologe gehört zu den wenigen, die von sich sagen können, sie seien von der Pandemie nicht überrascht worden. Seine Forschung stellt die Frage, ob und inwiefern die Pandemie in den Prozess der Zerstörung der äußeren Natur des Menschen einzuordnen ist und welche künftigen Katastrophen als Folgen der Klimakrise zu erwarten sind. Wallace schreibt:

Unsere zugrundeliegende Annahme ist, dass die Ursache von Covid-19 und ähnlicher Erreger nicht auf den Auslöser einer Infektion oder ihren klinischen Verlauf beschränkt werden kann, sondern in den ökosystemischen Verhältnissen liegt, die unter anderem das Kapital seinen Interessen gemäß gestaltet. Ein effizientes Gegenprogramm geht weit über die Bekämpfung eines bestimmten Erregers hinaus. Auch wenn wir keine Absicht dahinter sehen, ist die ganze Produktion doch perfekt organisiert, um die Evolution von Krankheitserregern und ihre anschließende Übertragung zu beschleunigen. Genetische Monokulturen – Schlachtvieh, Pflanzen mit nahezu identischem Erbmaterial – beseitigen die Brandschneisen gegen Epidemien durch die Immunreaktion, die in vielfältiger Population Übertragungen verlangsamt hat.

Wenn wir diese Fähigkeiten ausschalten, hat das brisante epidemiologische Konsequenzen, riskieren wir Pandemien. Entwaldung und intensive Landwirtschaft beseitigen die zufallsverteilten Hindernisse der traditionellen Agrarforstwirtschaft, die das Virus einst davon abhielten, ausreichend Übertragung zu erreichen und zu einer Pandemie zu werden. Unsere relative Kontrolle über die Mikroorganismen könnte uns wieder entgleiten. Wir entfesseln Naturkräfte, die wir nicht beherrschen. Nichts garantiert, dass der nächste Erreger nicht noch tödlicher sein wird, und die nächste Pandemie kommt mit Sicherheit.

Ich zögere, solche weitreichenden Prognosen auf meine Fahnen zu schreiben, denn meine politisch begründete Scheu vor apokalyptischer Zuspitzung ist aus guten Gründen groß. Aber es muss in Erwägung gezogen werden, dass es eine Tendenz zur Entstehung von Pandemien in geringeren zeitlichen Abständen geben könnte – wenn auch die Folgen der aktuellen Pandemie, was ihre direkten und mittelbaren Opferzahlen und ihre ökonomischen Auswirkungen angeht, noch nicht abzuschätzen sind. Vehementen Widerspruch verdient jedenfalls die allgegenwärtige Bezeichnung der Pandemie als »Naturkatastrophe«, als wäre ein Meteorit eingeschlagen und gäbe es keinen Zusammenhang mit der kapitalistischen Produktionsweise.

Auch für die Herrschaft, also für die höchsten Spitzen der Staatspolitik, kam diese Krise unerwartet. Obgleich ein Dokument vorliegt, das dieser Aussage zu widersprechen scheint: die inzwischen berühmte Bundestagsdrucksache aus dem Jahre 2013. Die Verfasser beschreiben ein Szenario, das auf der Verbreitung eines neuartigen Erregers basiert. Dem Papier wurde der »zwar hypothetische, jedoch mit realistischen Eigenschaften versehene Erreger ›Modi-Sars‹ zugrunde gelegt«, und es modelliert den hypothetischen Verlauf einer Pandemie in Deutschland. »Das Szenario beschreibt eine von Asien ausgehende, weltweite Verbreitung eines hypothetischen neuen Virus, welches den Namen Modi-Sars-Virus erhält.« Es wird davon ausgegangen, dass seine rasche Verbreitung nicht aufgehalten werden kann und bereits in einer ersten Erkrankungswelle »circa sechs Millionen Menschen in Deutschland an Modi-Sars erkrankt« sind. »Die Letalität ist mit zehn Prozent der Erkrankten hoch, jedoch in verschiedenen Altersgruppen unterschiedlich stark ausgeprägt. Kinder und Jugendliche haben in der Regel leichtere Krankheitsverläufe mit einer Letalität von rund einem Prozent, während die Letalität bei über 65jährigen bei 50 Prozent liegt. Für den gesamten zugrundegelegten Zeitraum von drei Jahren ist mit mindestens 7,5 Millionen Toten als direkter Folge der Infektion zu rechnen.«

Die Verfasser rechneten also mit wesentlich mehr Pandemieopfern in Deutschland, als bislang zu verzeichnen sind. Aber so etwas beiseite zu legen, gehört geradezu zum Geschäft der Marktwirtschaft und ihrer Ideologen. Der Kapitalismus muss sich mit einem unbegründeten historischen Optimismus ausstatten: Es wird schon irgendwie gutgehen, so etwas kommt nur alle 100 Jahre vor, technisch-medizinische Maßnahmen werden das Problem schon lösen, irgendein Katastrophenplan wird sich finden.

Barbarei im Demokratischen

Bevor die Herrschaft von Beschwichtigung – erinnert sei etwa an die Regierungserklärung von Jens Spahn vom 12. Februar 2020, in der der Gesundheitsminister vermeldete: »Die Gefahr für die Gesundheit der Bevölkerung in Deutschland durch die neue Atemwegserkrankung schätzt das Robert-

Koch-Institut aktuell weiterhin als gering ein« – auf Alarm umschaltete, also etwa mit dem dramatischen, wahrscheinlich durchgestochenen Papier des Innenministeriums vom März 2020, das in einem Worst-case-Szenario mit über einer Million Toten rechnete, war der Fokus der Linken auf ein anderes Thema gerichtet.

Besonders die Ereignisse an der türkisch-griechischen Grenze und auf den griechischen Inseln lösten Empörung, Abscheu und hilflosen Hass in mir aus; aber auch die Erkenntnis, dass durch den unverhohlenen Bruch des eigenen Asylrechts – abgesegnet und demonstrativ gutgeheißen durch Ursula von der Leyens (CDU) Besuch im Grenzgebiet – die Barbarei nichts Zukünftiges, nichts zu Befürchtendes ist, sondern der bestehenden, also der demokratischen Gesellschaft innewohnt.

Mein Freund und Bühnenpartner Thorsten Mense schrieb in **konkret 5/20**: »Das Grundrecht auf Asyl ist angesichts der realen Chancen, dieses Recht in Anspruch nehmen zu können, zur Farce verkommen. Die Frage war daher nicht, ob, sondern nur wann Europa auch unter Einsatz von Schusswaffen Menschen auf der Flucht dieses Recht verwehrt. In Zusammenarbeit mit nationalistischen Bauern und rechtsextremen Milizen haben die griechischen Sicherheitskräfte die Faschisierung der europäischen Flüchtlingsabwehr vollendet und ernteten dafür Lob von der deutschen EU-Präsidentin. Die Barbarei ist kein zu verhindernder Zustand, wir stecken längst mittendrin. Dies sind keine neuen Erkenntnisse, doch haben wir das Bewusstsein darüber ebenso ausgesperrt wie die Geflüchteten.«

Die überwältigende Zustimmung der Deutschen zum Regierungshandeln in der Corona-Krise ist immer auch eine zu dieser barbarischen Abschottungspolitik. Sie ist untrennbar mit ihr verbunden, sie steht auf keinem anderen Blatt. Wer das Sterben auf den Fluchtrouten achselzuckend akzeptiert, die zusätzliche Gefährdung der ohnehin Elenden in den Lagern nicht umgehend beendet wissen will, wird zusätzlich das, was dann mangelnde europäische Solidarität genannt wurde, als nun einmal Gegebenes hinnehmen und das Umspringen mit den Stigmatisierten hier, in Sammelunterkünften, Obdachlosigkeit und Knast, stillschweigend gutheißen. Ich mag dieses Land und seine Leute nicht, und diese wohlstandschauvinistische Grundstimmung, dieses »Wir haben nun wirklich selbst genug Sorgen«, diese provinzielle Ignoranz gegenüber dem Elend in der Welt, dieses hemmungslose Geflenne von gutsituierten Mitgliedern gehobener Schichten in jedes sich bietende Mikrofon angesichts einiger Unbequemlichkeiten des Homeoffice war widerlich.

Die kurze Phase des nationalen Konsenses

Die Bilder und Nachrichten aus Italien, wie auch die Szenarien, die das Dokument des Innenministeriums, das ich in der Substanz als wahr ansehe, beschrieb, begünstigten einen demonstrativen Schulterschluss aller Parteien im Bundestag. Er betraf sowohl die Maßnahmen – Ausgangsbeschränkungen, Schulschließungen, Stillegung eines gewissen Teils der Wirtschaft – als auch die gewaltigen Rettungspakete. Die AfD war zunächst Teil dieses Konsenses. In ihrer Rede am 4. März 2020 sagte Alice Weidel: »Die Lage ist ernst. Nach allem, was wir wissen, geht von dem Virus eine höhere Ansteckungsgefahr und ein größeres Mortalitätsrisiko aus als von der gewöhnlichen Grippe ... Statt rhetorischer Beruhigungspillen sind jetzt konkrete Sofortmaßnahmen nötig.« Exemplarisch sei auf den Allparteienkonsens während der Debatte vom 11. März 2020 im nordrhein-westfälischen Landtag verwiesen. Der AfD-Abgeordnete Martin Vincentz hielt ein Plädoyer für Maßnahmen zur Pandemiebekämpfung: »Wenn wir uns also als Gesamtgesellschaft vielen, auch persönlichen Entbehrungen hingeben, wie der Einschränkung der Reisefreiheit bis hin zur Quarantäne, und wirtschaftliche Konsequenzen in Kauf nehmen, dann tun wir das für die 20 Prozent in unserer Bevölkerung, für die eine Infektion mit dem Virus schwere bis lebensbedrohliche Folgen haben kann.« Und auch der Sprecher der Identitären Bewegung Österreich, Martin Sellner, leugnete zu Beginn der Pandemie nicht die Gefährlichkeit des Virus, sondern nutzte die Corona-Krise, um »türkischstämmige Bürger«, die vor der Moschee angeblich zu eng beieinander standen, zu denunzieren. Natürlich freute sich auch die parlamentarische Linke mächtig, denn die Schwarze Null war ja zu Fall gebracht worden.

Ob die Mängel und Versäumnisse – fehlende Masken, Beatmungsgeräte und Schutzkleidung –, die Abhängigkeit von Medikamenten und ihren Vorprodukten aus China oder Indien und die Folgen der Just-in-time-Produktion, die auf Lagerungskosten verzichtet, aber von krisenanfälliger, pünktlicher Lieferung abhängt, zuerst von der parlamentarischen Opposition oder von den Regierungsparteien selbst zum Thema gemacht wurden, ist im nachhinein schwer zu sagen. Viele dieser Phänomene spiegeln das kapitalistische Problem, dass der für die Akkumulation günstigste Vorgang ist, die billigste Ware auf dem Weltmarkt einzukaufen – während die ungünstigere, die durch Subvention, und das heißt Abzug vom Gesamtprofit des Kapitals, ermöglichte einheimische Produktion eine Stärkung nationaler Souveränität bedeutet. (Nur deshalb, um ein Beispiel zu nennen, wurde in Deutschland lange am unrentablen Abbau von Kohle festgehalten.) Selbstverständlich hätte auch das Gesundheits- und Krankenhauswesen nicht so kaputtgespart werden müssen, wie es das heute ist – mit der Folge eines am Rande des Zusammenbruchs arbeitenden Personals und dem damit einhergehenden, oft zynischen Umgang mit den Patienten.

Kurz: Dem Staat wird abverlangt oder aufgetragen, für die Katastrophen, deren Miturheber er ist, den passenden Notfallplan zu besitzen beziehungsweise zu entwickeln. Das hat er, was Deutschland betrifft, erkannt und, jedenfalls im Vergleich zu anderen Staaten, bis in den Frühherbst 2020 einigermaßen plausibel bewältigt. Das ist eine Momentaufnahme, kein Blick in die Zukunft, denn die Zeit des Fürsorglich-Autoritären weicht einer anderen.

Rechte Regierungen in der Corona-Krise

Bei Vergleichen handelt es sich bekanntlich um eine vergiftete Angelegenheit, denn sie nötigen dazu, sich den bestehenden Alternativen unfrei zu unterwerfen und vom kleineren Übel auch noch zu schwärmen. Dennoch sei festgestellt: Überall dort, wo die Staatspolitik temporär oder dauerhaft die Gefährlichkeit des Virus wider besseres Wissen geleugnet hat oder auf Herdenimmunität setzte – also im Falle von Donald Trump, Jair Bolsonaro, Boris Johnson und so weiter –, sind auch nach kapitalistischer Maxime unnötig viele Menschen krepiert. Auch für das von einigen als Vorbild gehandelte Schweden gilt diese Aussage – in bezug auf seine Nachbarländer mit vergleichbarem Reichtumsniveau.

Fast alle Staaten haben schließlich ähnliche Maßnahmen zur Eindämmung der Pandemie ergriffen – also etwa auch Russland, Kuba, Venezuela, Israel, was unter Linken jeweils Akzeptanz bei den diesen Ländern zugehörigen Fans und Apologeten erzeugte. Wo absolute Armut herrscht, enge Slums bestehen und kein Gesundheitssystem existiert, wird, zukünftig noch mehr als heute, ungebremst und ungezählt krepiert.

Pauschal ließe sich sagen, dass es weltweit Domäne der extremen Rechten ist, die staatlichen Restriktionen eher zu bekämpfen – mit dem Argument, bei der Pandemie handele es sich nur um eine Grippe, oder dem typisch rechten Postulat der heroischen Opferbereitschaft. Doch es gibt auch hier Ausnahmen: Rechte Politiker wie Viktor Orbán und Recep Tayyip Erdoğan oder der indische Premierminister Narendra Modi haben zeitweise drastische

Lockdowns verhängt. Auf der Gegenseite finden wir durchaus sogenannte Linkspopulisten in Lateinamerika, etwa in Nicaragua, die sich den Gefahren gegenüber ignorant zeigten.

Zwei Studien, die in der naturwissenschaftlichen Zeitschrift »Nature« erschienen sind und in der »FAZ« vorgestellt wurden, versuchten zu errechnen, wie sich die Infektionszahlen ohne Maßnahmen, also ohne staatliche Intervention, entwickelt hätten. Sie haben einen Anteil von Wahrheit, einen Anteil nur, weil erstens das Verhandelte nicht präzise zu antizipieren ist und wahrscheinlich zweitens die Menschen sich auch ohne staatliche Maßnahmen zumindest graduell vorsichtiger verhalten hätten.

Die erste Studie bezieht sich auf die Länder China, Südkorea, Italien, Iran, Frankreich und die USA und kommt mit ihrer positivistischen Berechnung zu folgendem Schluss: Ohne Staatsmaßnahmen hätte es bis zum späten Frühjahr 2020 in diesen Ländern etwa 62 Millionen Infizierte gegeben. Die zweite Studie beschäftigt sich mit Europa und geht von vier Prozent Infizierten und einer Todesrate von einem Prozent aus. Nach dieser Berechnung hätte das Virus in Europa drei Millionen Tote verursacht, in Deutschland allein 560.000 bis Mai 2020. Das sind zu große Zahlen, das weiß ich. Aber ich beziehe diese Tendenz in mein Denken ein.

Der Staat in der Pandemie

Staaten bewirtschaften ihr Menschenmaterial. Dies auszudrücken, hat keineswegs etwas mit Staatsfrömmigkeit zu tun. Der Staat gewährleistet die Kapitalakkumulation, dient der Bewirtschaftung und Verwaltung des Menschenmaterials und handelt in dieser Hinsicht im Rahmen der Pandemie durchaus immanent richtig; er befördert zugleich Konsens und Loyalität der Untertanen, wenn er die Zahl der Toten begrenzt und die Reproduktionsfähigkeit der Lohnabhängigen sichert – auch gegen einzelne Sektoren oder Fraktionen des Kapitals.

Selbstverständlich bedeutet das nicht, dass Lebensrettung oder Gesundheit Maximen staatlichen Handelns im Kapitalismus wären. Wir wissen, was Soldaten geloben müssen, in welchen Branchen die Lebenserwartung gering ist oder wie Armut die Lebenserwartung senkt. Wir wissen von der hohen Zahl an Krebserkrankungen in der Umgebung von Atomkraftwerken, von den Tausenden in den Krankenhäusern mangels Hygiene an Keiminfektionen Sterbenden und schließlich von den Opfern der deutsch-europäischen Flüchtlingspolitik.

Wenn man aus Anlass von Corona den Klassencharakter von Gesundheit und Krankheit im Kapitalismus durchdenken will, ist Wolfgang Hiens Buch *Die Arbeit des Körpers* eine gute Wahl. Im Juli sagt der Arbeits- und Gesundheitswissenschaftler in einem Interview mit der »Jungle World«: »Am schlimmsten finde ich, dass in der Covid-19-Pandemie das Alter an sich schon ein Kriterium für Separierung und schließlich auch Stigmatisierung und Ausgrenzung ist.« Hien weist außerdem auf das unausrottbare Fortleben der Vererbungslehre hin, mit der die Schädlichkeit toxischer Arbeitsbedingungen geleugnet und statt dessen Krankheit ursächlich allein mit genetischer Veranlagung erklärt wird. Dieser Autor weiß und kann empirisch beweisen, welche Einflüsse zu vorzeitiger Krankheit und Tod führen; in seinem Buch kann er den Charakter der Schichtarbeit erläutern, er kritisiert die Gleichsetzung von Gesundheit mit Funktionstüchtigkeit im Kapitalismus; und vor allem kennt er sich aus mit dem Kult der männlichen Härte – ein furchtbarer Kult, der auch in der Arbeiterbewegung Tradition hat. Hien kann die Ursachen für den Unterschied der Lebenserwartung von Armen und Reichen, der etwa zehn Jahre beträgt, präzise erläutern, und er weiß sogar einiges darüber zu berichten, wie die mit Staat und Kapital kooperierenden Gewerkschaften die Gesundheit ihrer Mitglieder ignorieren. Diese Kritik formuliert er natürlich sehr verhalten, das war schließlich mal sein Arbeitgeber.

Der Staat organisiert den Tod und schützt das Leben. Hierbei kommt es oft zu Überschneidungen mit progressiven Forderungen der Arbeiterbewegung und der Linken – historisch etwa beim Verbot der Kinderarbeit, das notwendig zum Erhalt der Reproduktion der Ware Arbeitskraft und zugleich Forderung der Arbeiterbewegung war. Ein weiteres Beispiel sind die Seuchenbekämpfung, die Impfpflicht oder die Durchsetzung von Hygienestandards, deren Zielstellung stets lautete: die Gewährleistung der Reproduktion der Ware Arbeitskraft beziehungsweise des gesunden Soldaten, der nicht verrecken sollte, bevor er die Front erreichte.

Um das gänzlich zu entromantisieren oder von Dankbarkeit zu befreien: Der Nationalsozialismus hat für gesunde, leistungsfähige »Arier« manch Besseres im Angebot gehabt als die Weimarer Republik. Adorno schreibt in dem berühmten Text »Was bedeutet: Aufarbeitung der Vergangenheit«: »Ungezählten ist es unter dem Faschismus gar nicht schlecht gegangen ... Nach den Krisenerfahrungen der Ära vor Hitler überwog das Gefühl des ›Es wird gesorgt‹, und gar nicht nur als Ideologie von KdF-Reisen und Blumenkästen in Fabrikräumen. Gegenüber dem *laissez faire* beschützte die Hitlerwelt tatsächlich bis zu einem gewissen Grade die Ihren vor den Naturkatastrophen der Gesellschaft, denen die Menschen überlassen waren ... Die viel berufene Integration, die organisatorische Verdichtung des gesellschaftlichen Netzes, das alles einfing, gewährte auch Schutz gegen die universale Angst, durch die Maschen durchzufallen und abzusinken.«

Ein weiteres Beispiel, wie der Staat sein Menschenmaterial bewirtschaftet, ist die Verkehrspolitik. Es sollen nicht zu viele Leute Krüppel werden oder sterben. Eine der schönsten Pointen für ein Bühnenprojekt wäre übrigens die Einführung der Anschnallpflicht durch den Staat, über die der »Spiegel« im Dezember 1975 titelte: »Sicherheitsgurte: Furcht vor der Fessel«. Im Aufmacher-Artikel heißt es: »Am Nutzen des Sicherheitsgurts gibt es nichts zu zweifeln. Und doch löst der Leibriemen bei vielen tiefgründige Ängste aus – und wird deshalb nicht angelegt. Fraglich bleibt zudem: Soll und darf der liberale Staat die Auto-Bürger zum Überleben zwingen?«

Und auch bei der Tempobegrenzung, die mir nicht weit genug geht, oder der Drogenpolitik steht die Bearbeitung von Menschenmaterial im Vordergrund. Und um meine persönliche Betroffenheit auch mal ins Spiel zu bringen: Der Kampf gegen das Rauchen ist Bewirtschaftung von Menschenmaterial. Manchmal grantele ich ein bisschen, aber wahrscheinlich ist die Veranstaltung vernünftig. Außerdem schreibt der Staat bekanntlich vor, wo man baden darf und wo nicht, wo es zu toxisch ist, und so weiter.

Diese Mischung aus erkämpfter zivilisatorischer Errungenschaft und kapitalistischer Rationalität oder instrumenteller Vernunft findet sich historisch in sehr vielen Bereichen: zum Beispiel in der Abschaffung der Sklaverei, denn der doppelt freie Lohnarbeiter ist das geeignetere Menschenmaterial; oder in der Einführung der Schulpflicht, die einerseits eine Notwendigkeit der Emanzipation von der Idiotie des Landlebens war und andererseits den aufkommenden industriellen Anforderungen entgegenkam. Man kann das ganze Bildungssystem so negatorisch behandeln, wie es etwa der Autor Freerk Huisken tut, aber eine Forderung nach Abschaffung der Schulpflicht erwächst daraus nicht. Auch für Bismarcks Sozialgesetzgebung gilt diese Dialektik: einerseits Sicherheitsversprechen und andererseits Enteignung autonom proletarischer Solidarität durch die Staatsmaßnahmen. Das setzt sich bis heute fort.

Die Zahl akzeptierter Toter ist keine im Vorwege bestimmbare. Was in der Vorausschau wie eine unaushaltbare, Loyalität und Staatsvertrauen erschütternde Größenordnung erscheint, kann im Prozess als akzeptables Opfer für »unsere Art zu leben« verarbeitet werden. Die ideologischen Staatsapparate tun diesbezüglich ihr Bestes.

Der Soldat, der in der Zinkkiste zurückkommt, wird ja auch nur scheinbar betrauert und ansonsten geehrt und gefeiert, weil er sein Leben in die Waagschale zu werfen bereit war. Weder, was er in der Fremde zu suchen hatte, steht zur Debatte, noch wie viele er erschoß. Aber stellt sich heraus, seine Ausrüstung sei mangelhaft gewesen, sein Gewehr schieße schlecht im Wüstensand und bei Hitze, dann empört sich sogar die Opposition, die gegen den Kriegseinsatz gestimmt hat, wegen verletzter Fürsorgepflicht – und der Bürger quengelt.

Das Regierungsversprechen und die linke Chancenlosigkeit

Linke haben notorisch und routiniert große Chancen und endlich die Möglichkeit der Hegemonie in diese Krise projiziert. Die Zustimmung zu den Anti-Pandemie-Maßnahmen der Regierung hatte ein wesentliches Motiv: den Glauben an die Richtigkeit des Versprechens, die Menschen, die notwendige Entsagungen und Opfer bringen müssten, würden durch ein Tal mit möglichst wenig Toten geführt, damit es werde, wie es vor dem Ausbruch war. Mehr noch, die Regierung verspricht uns, wir werden gestärkt aus der Krise hervorgehen.

Zunächst kam es mir bemerkenswert vor, wie viele Menschen auf dem Posten blieben, wie viele also lohnarbeiteten, zur Arbeit fuhren, wenn es nicht verboten war – trotz aller Ungewissheiten. Wir lesen heute, dass der Krankenstand im ersten Halbjahr 2020 praktisch identisch war mit dem des Jahres 2019. Wenn ich alle einzelnen Erklärungszusammenhänge einmal vernachlässige, also den Wegfall von Sportverletzungen in der Zeit des sogenannten Lockdowns und ähnliches, muss ich erschüttert feststellen, dass alle vermeintliche Panikmache, alle Ungewissheit den bereits erwähnten Kult der Härte der Lohnabhängigen nicht erschüttern konnten. Dieser Kult existiert selbstverständlich in Symbiose mit der nicht unbegründeten Angst vor Entlassung bei Fehltagen. Aber die schlichteste Form der Subversion, die auch noch ziemlich leichtgemachte Krankmeldung per Telefon, war kein relevantes Phänomen. Von den 45,2 Millionen abhängig Beschäftigten arbeiteten in den ersten Monaten 40, später 35 Millionen weiter – wie unsichtbar.

Ich rede hier nicht von den wirklich relevanten Berufen im Gesundheitswesen, in der Altenpflege und so weiter. Ich rede von den Frauen an den Supermarktkassen, von den Busfahrern, den Lieferanten, den Beamten, den Bahnbediensteten, den Industriearbeiterinnen, der Müllabfuhr, den Rüstungsarbeitern, den Medienleuten, den Angestellten der Werbewirtschaft, den Handwerkerinnen, den Bauarbeitern und den Versicherungsvertretern. Malocht wurde, wenn nicht staatlich untersagt, wo Lieferketten nicht gerissen oder die Nachfrage nicht weggebrochen war. Der deutsche Arbeitsminister Hubertus Heil (SPD) verkündete stolz: »Wir haben keine Produktionsstätten geschlossen wie in Spanien und Frankreich. Bei uns gab es Absatzschwierigkeiten und Engpässe wegen unterbrochener Lieferketten, aber das Produzieren war in Deutschland nicht verboten.« Erschütternd.

Auch im Homeoffice, wo das Leiden an der Gleichzeitigkeit von Berufstätigkeit und Kinderbetreuung mit Grund ein kritisches Thema war, fragte sich niemand, was der schwachsinnige Gegenstand des Meetings gewesen ist; keine Spur von Hedonismus oder der Verweigerung, Opfer zu bringen. Wer nicht arbeiten durfte, sprach in Fernsehmikrofone, wie sehr er darunter leide, wie sehr die Begegnung mit dem Kunden fehle. Jede Wiedereröffnung wurde zum Festakt, Hotelpersonal applaudierte den ersten Gästen. Welch Antagonismus zu Georg Kreislers wunderschönem Lied über die Mordphantasien eines Kellners im Angesicht der Hässlichkeit seiner Gäste: »Ich bringe dem Herrn Staatsanwalt / Sein Erdbeereis mit Früchten / Und wenn dann dieser Nimmersatt / Im Schlund mein Messer hat / Und mit der Nase in den Früchten ruht / Dann geht's mir gut – / Dann geht's mir gut!«

Ich weiß um die gesellschaftliche Resonanzlosigkeit der These, die ich hier vertrete. Aber jedes linke Zukunftsversprechen muss in den hochindustrialisierten Regionen die Minimierung, die Transformation, die Verlangsamung der Arbeit zum Gegenstand haben. Wer lebenslang arbeiten muss, um nicht zu verelenden, bleibt Sklave. Natürlich haben Linke und Humanisten die Wohnverhältnisse, das System des Subunternehmertums in der Fleischindustrie kritisiert. Aber dieses ungeheure Arbeitstempo dort, dieser menschenvernichtende, jede Kreativität austreibende, dem Menschen sein Menschsein raubende Akkord selbst gehört abgeschafft – das gilt auch für die Spargelstecher und andere »Erntehelfer«. Es kann nicht nur darum gehen, die Hygieneregeln und Abstände am Band, auf dem Feld und an der Schlafstätte einzuhalten. Die Entsagungen des Arbeitslebens sind die wichtigste Quelle der wahnhaften Projektion und des Postulats der Rücksichtslosigkeit gegen alle Unproduktiven.

Es weht ein anderer Wind

Am Anfang stand die warnende Botschaft, alle Erlasse seien einzuhalten, und die moralische Erbauung durch allerlei Inszenierungen des großen sozialpartnerschaftlich-volksgemeinschaftlichen Wir, des Burgfriedens. Dem haben Linke oft und durchaus richtig widersprochen. Am Anfang stand auch das *positive thinking* mit dieser unerträglichen Lebensberatung, was wirklich wichtig sei, mit dieser Sinnsuche, dieser unerträglichen Flut an Erbauungs- und Mutmachvideos – ein Tiefpunkt kulturindustrieller Hervorbringungen.

Am Anfang stand auch der relative Ausschluss der Entwarner und Verharmloser, also der Alternativvirologen und Wodargs dieser Welt aus dem Spektrum der veröffentlichten Meinung. Das ist vorbei. Der Teil-Lockdown selbst wurde zwar nicht in Verruf gebracht, man hielt zu Stolz auf das gemeinsame Durchhalten an, aber die Botschaft lautete: So etwas darf es nie wieder geben! In Hunderten von Kommentaren mit dieser Botschaft, gestützt durch die jeweils aktuellen Infektionszahlen, mühte sich die »Bildzeitung«, den Virologen Christian Drosten als Übertreiber zu demontieren, und der Gesundheitspolitiker Karl Lauterbach (SPD) erschien in bestimmten Zeitungen wie der schwarzmalende Vogel aus den Talkshows.

Manche muckten noch auf, um damit aber kurze Zeit später aufzuhören. Zum Beispiel die Linke Katja Kipping im »Tagesspiegel«: Anfang Mai 2020 verficht sie, die Agitation der Exitstrategen – das waren damals vor allem Armin Laschet (CDU) und Christian Lindner (FDP) – führe in »eine zweite Infektionswelle«. Und Katja Kipping schreibt weiter: »Um es zuzuspitzen, auch die Bundesregierung setzt auf Durchseuchung, wenn auch eine abgebremste.« Dann rechnet sie zu erwartende Todeszahlen vor und spricht sich dafür aus, erst bei einer Reproduktionsrate von 0,5 Restriktionen in Frage zu stellen. Selbstverständlich, sie ist schließlich Vorsitzende einer sozialdemokratischen Partei, musste sie behaupten, ihre Vorschläge würden auch der Wirtschaft nützen. Aber sei's drum: Sie forderte immerhin, dass die nichtsystemrelevante Produktion heruntergefahren wird.

All das war bald erledigt und verstummt, seit Thüringens Ministerpräsident Bodo Ramelow (Linkspartei), ebenfalls gestützt auf Infektionszahlen, sich an die Spitze derjenigen gesetzt hatte, die weitere Lockerungen forderten, und wie kein Zweiter eines der größten Schrecknisse deutscher Leitkultur garantieren wollte: »Die Weihnachtsmärkte finden statt.« Bah, wer will denn so was?

Diskurs und faktische Lockerungen waren keineswegs nur Reflex auf Hygienedemos und ihr Potential, sondern sie spiegeln kapitalistische Notwendigkeiten und sind Teil einer neuen Balance zwischen den Anforderungen der Wirtschaft und den zu akzeptierenden Opfern. Damit hatte die Stunde der Bekenntnisse geschlagen. Exemplarisch sei hier an den Auftritt des »Stern«-Journalisten Hans-Ulrich Jörges in Sandra Maischbergers Talkformat »Die Woche« am 27. Mai 2020 erinnert. Als männlich-angstfreier Kraftprotz proklamierte Jörges: »Das Risiko, dass ich mich da anstecken könnte im Theater, das trage ich persönlich.« Und er forderte den Ausstieg »aus Angst und Hysterie«. Die Menschen seien »zutiefst verwirrt, viele sind depressiv geworden«. Ein Gegenmittel sei der Fußball, bei dem es sich geradezu um »eine Impfung gegen die kollektive Depression« handele.

Um es an dieser Stelle auszusprechen, in der Hoffnung, dass ich mich prognostisch irren möge: Unabhängig davon, ob das Wort von Katja Kipping von der »gebremsten Durchseuchung« der richtige Begriff ist, halte ich eine bewusst in Kauf genommene große zweite Welle für sehr wahrscheinlich. Welche Drohung mit der angestrebten neuen Normalität verbunden ist, war am 24. August in der »FAZ« zu lesen: »Innerhalb weniger Monate haben sich die Maßstäbe geändert. Es geht nicht mehr darum, um jeden Preis Infektionen zu verhindern. Das hieße, Arbeitswelt, Unternehmertum, Öffentlichkeit und Privatsphäre dauerhaft und radikal zu verändern … Für die Corona-Krise schält sich dabei eine ganz ähnliche Maxime wie in der Flüchtlingskrise heraus: Unsere Herzen sind weit, aber unsere Möglichkeiten sind endlich.« Wer nicht ahnt, was Deutsche meinen, wenn sie davon sprechen, dass die Herzen weit, aber die Möglichkeiten endlich sind, und wieviel Bestialität darin liegt, muss noch mal in sich gehen.

Betrachtet man einige relativ wohlhabende Länder, blicke ich etwa nach Israel mit seiner zeitweise höchsten Infektionsrate gemessen an der Einwohnerzahl oder nach Spanien, Italien oder Frankreich mit seinen im September 2020 über 10.000 nachgewiesenen Neuinfektionen pro Tag, dann weisen diese Staaten selbstverständlich Besonderheiten auf, die ich nachzuvollziehen mich bemüht habe – in Israel etwa die religiöse Verbohrtheit der Ultraorthodoxen und die massive Ignoranz in den Gegenden arabischer Armut und so weiter. Aber der gemeinsame Nenner ist: Nach einer Phase schärferer Restriktionen hat es Lockerungen gegeben. Es gibt gute Gründe, Frankreichs Gegenwart als Deutschlands sehr nahe Zukunft zu denken, und es gibt gute Gründe, angesichts der relativ geringen Mortalität in Deutschland davon auszugehen, dass das Durchsickern in die sogenannten Risikogruppen ebenfalls nur zeitverzögert stattfindet.

Unbestreitbar scheint mir jedenfalls, dass nicht zu leugnende Scheußlichkeiten wie häusliche Gewalt von den Kritikern der Anti-Pandemie-Maßnahmen doch sehr häufig in instrumenteller Absicht in Anschlag gebracht wurden. Berechnend und instrumentell entdeckten Leute, die noch nie ein Wort über die zu kleinen Wohnungen proletarischer Schichten verloren haben, dass es hier an Auslauf mangele. Manches wurde auch zu Propagandazwecken frei erfunden, etwa die explodierenden Suizidzahlen, die es, wie wir jetzt lesen können, zu keinem Zeitpunkt gegeben hat.

Ich bin übrigens kein Freund der Redewendung »Schwamm drüber«. Aufklärung heißt immer auch Fahndung nach Tätern. Im Juni 2020 klagten Angehörige von Covid-19-Opfern in der Lombardei wegen fahrlässiger Tötung ihrer Verwandten. Sie wollten ermitteln, wer für die um über 600 Prozent gestiegene Sterblichkeitsrate verantwortlich war, warum Zentral- und Regionalregierung dort so spät erst die Sperrzonen errichteten und warum Forderungen von Gemeinden ignoriert und denen von Unternehmensverbänden, die produzieren lassen und keinen Alarm haben wollten, gefolgt wurde. Linker Alltag, Handgemenge, kann nur heißen, solch anklagende Aufklärung zu unterstützen – manchmal auch zu initiieren. Diese Haltung ist grundlegend.

Jedes linke Zentrum, das seine Türen ein paar Tage vor den staatlichen Anordnungen geschlossen hat, hat richtig und fürsorglich im Sinne seiner Besucher/innen und der dort Arbeitenden gehandelt. Und es wäre ein Ruhmesblatt, wenn Linke, sagen wir: im Raum Gütersloh, darauf verweisen könnten, sie hätten per Flugblatt oder meinetwegen nur per Presseerklärung gefordert, den Laden von Tönnies dichtzumachen, weil die Wahrscheinlichkeit, dass dort ausbrechen könnte, was dann ausbrach, hoch war. Jede Positionierung gegen das kalkulierende Spiel mit Gesundheit und Tod ist wertvoll, wie jede Sorge, rückblickend die Gefahr übertrieben zu haben, unbegründet ist.

Die Linke und der Staat

Die Lage der Lohnabhängigen als Gefangene des Versprechens einer Entschädigung für alle Entsagung durch Konsum und Lebensstandard ist im Regelfall die relativ beste, wenn die Wirtschaft beziehungsweise die Weltwirtschaft floriert. Jedenfalls gilt das für die in der Weltmarktkonkurrenz siegreichen Staaten, also auch für Deutschland. Und weil ich nun mal weder Nationalist noch alternativer Nationalist, also kein Verfassungspatriot bin, stehe ich bestimmten Kontroversen und sogenannten Kämpfen mehr beobachtend, eher analysierend und, zugegeben, fremd gegenüber.

Ein Beispiel: Der deutsche Staat hat sich, auch wegen des Anspruchs, führende Wirtschaftsmacht zu sein, entschieden, die Lufthansa zu retten. Frankreich und die Niederlande versuchen ähnliches in ihrem Laden. Mit der Reinigungskrise, als Folge der unhintergehbaren Tatsache von Überkapazitäten, soll so umgegangen werden, dass andere Fluggesellschaften pleite gehen. Gäbe es diese Ambition nicht, beziehungsweise sollte sie scheitern, blieben andernorts Arbeitsplätze erhalten. Na und? Wie schön! Diese eingestandene Hoffnung hatte ich schon während des VW-Skandals. Eine solche Haltung verstecken zu wollen, führt, nebenbei bemerkt, stets dazu, dass Linke lieber vor Zentralbanken demonstrieren wollen als vor den Werkstoren von VW oder BMW.

Im Krisenfall schlägt immer die Stunde linker Staatsmythologisierung. Der Staat wird als das potentiell Bessere gesetzt. Der Bösewicht ist, wie hundertfach zu lesen war, stets der Finanzhai und der Großaktionär – im Falle der Lufthansa also der Großaktionär Heinz Hermann Thiele, dem sich das eigentlich Bessere leider gebeugt habe. »Der Staat hat versäumt, seine neun Milliarden an klare regulatorische Bedingungen zu knüpfen«, sagte etwa Bernd Riexinger (Linkspartei), und sein Parteikollege Klaus Ernst legte nach: »Eine Beschäftigungsgarantie wäre das Mindeste gewesen.«

So wird nicht begriffen oder so soll nicht begriffen werden, dass der Staat selbst das Ziel verfolgt und im Rahmen weltweiter Konkurrenz verfolgen muss, durch Senkung der Kosten der lebendigen Arbeit den Konzern in die Profitabilität zurückzuführen. Die Unabhängige Flugbegleiter Organisation (Ufo), die Vereinigung Cockpit und Verdi überbieten sich geradezu mit Lohnverzichtsangeboten. Und um das klarzustellen: Damit verraten sie nicht ihre Basis – die will das. Die hält Plakate hoch, auf denen sie ihre eigene Verdinglichung präsentiert: »I love Lufthansa«; ihre eigene Selbstaufgabe zur Tugend verklärt: »Kranich oder gar nicht«; und ihre komplette Identifikation und Selbstaufgabe ausstellt: »Wir sind Lufthansa.«

Wenn ich solche Bilder sehe, assoziiere ich nicht, wie die »Junge Welt« und das »Neue Deutschland«, erhöhte Kampfbereitschaft, sondern stimme eher der nüchtern-sarkastischen Feststellung von Wolfgang Pohrt zu, mit dem ich oft nicht einer Meinung war: In anderen Ländern, so Pohrt, weiß man, »dass man den Kapitalismus nicht ohne Krise haben kann und die Krise nicht ohne Arbeitslosigkeit. Das sind die Regeln, wer scheitert, hat Pech gehabt und muss auf bessere Zeiten hoffen, aber er findet keinen Grund, sich selber als Opfer einer ungerechten Welt zu beweinen. Man kann versuchen, die Regeln zu ändern, was dann auf eine Revolution hinauslaufen würde, aber ein Jammerlappen ist, wer sich einließ auf das Spiel um die dickste Scheibe vom großen Kuchen, dann schreit, wenn er verliert, und dem Kapitalismus vorwirft, dass er einer ist« (*Der Weg zur inneren Einheit*).

Zweites Beispiel: Auch durch tagelanges Nachdenken kommt mir, der ich immer vom Gebrauchswert ausgehe, keine Idee, warum ich Interesse an der Rettung der Commerzbank haben sollte. Die Dresdner Bank gibt es auch nicht mehr, und das stört nicht. Das ist ein Konzentrationsprozess des Kapitals. Bereichern die Filialen der Banken die Schönheit der Fußgängerzonen? Befördern sie gar die Stadtteilkultur? Oder verliert der Mittelstand vertraute Ansprechpartner?

Ganz den Arbeitsplätzen verpflichtet, hat die »Junge Welt« auch in diesem Fall einen Schuldigen ausgemacht: den US-Investor Cerberus, der mickrige fünf Prozent der Commerzbank-Aktien hält. »Es ist zu befürchten, dass letztlich unter dem Druck der beteiligten Heuschrecken vor allem die Beschäftigten die Zeche für das Missmanagement der vergangenen Jahre zu zahlen haben.« Es ist furchtbar. Ohne die Heuschrecken, also sagen wir, mit den Kommunisten von der »Jungen Welt« in Vorstand, Verwaltungs- und Aufsichtsrat, florierten die Geschäfte der Commerzbank. Eine solche Analyse weigert sich, irgend etwas vom Kapitalismus zu begreifen.

Oder nehmen wir die Meyer-Werft in Norddeutschland, die Kreuzfahrtschiffe baut, die momentan nicht so recht nachgefragt werden. Ihr wurde neben anderen Staatssubventionen einmal ein ganzer Fluss hergerichtet. Den Untergang der Meyer-Werft zu betrauern, fiele mir echt schwer.

Von paradigmatischem Gewicht scheint mir außerdem das heftig zelebrierte Zerwürfnis zwischen den Betriebsräten der Automobilindustrie und der IG Metall auf der einen Seite und der SPD beziehungsweise dem Parteivorstand auf der anderen, weil diese sich nicht für die Abwrackprämie für Verbrenner stark gemacht hatten. Es ist zwar gesamtkapitalistisch betrachtet rational, nichts Untergehendes, sondern nur Zukunftsfähiges zu subventionieren – was so manchem Autogipfel noch zur Beschlussvorlage dienen wird, denn diese Branche übersteigt die Bedeutung der Lufthansa. Aber in diesem Zerwürfnis liegt auch ein reaktionäres Potential. Dem Trade-Unionismus, also der reformistischen Gewerkschaftspolitik, ist ja historisch von Systemfeinden angekreidet worden, er gehe nicht weit genug, ihm ginge es nicht um die Überwindung der Lohnarbeit. In der deutschen Ausprägung von Sozialpartnerschaft oder in der Selbstverständlichkeit von Comanagement liegt jedoch mehr. Ihr ist auch ein bornierter, reaktionärer Zug eigen. Die objektive Notwendigkeit, im Bestehenden seine Arbeitskraft verkaufen zu müssen, hat Arbeiter einst dazu gebracht, AKW-Gegner zu verprügeln. Kieler Arbeiter haben, angeführt von ihren Betriebsräten und der IG Metall, in Kiel für den Bau von U-Booten für das faschistische Chile unter Pinochet demonstriert. Horst Tomayer, der große Hauspoet von **konkret**, hat diesem Bewusstsein ein vielstrophiges Lied gewidmet, eine Hymne der IG Metall, das »Lied der deutschen Rüstungsarbeiter«: »Tag für Tag stehn wir an der Drehbank, drehn Granaten früh bis spät / Wir sind vom Granatendrehen bald schon selber durchgedreht / Ihr Bosse und ihr Kunden, 35 Stunden sind genug. Wir tun unsere Arbeit gerne, aber Mensch will Mensch auch sein / Kreuzworträtseln, Fernsehen, Vögeln und ein Glas beim Dämmerschein / Ihr Bosse und ihr Kunden, 35 Stunden sind genug.«

Sich mit diesem, hier karikierten, aber real existierenden Bewusstsein anzulegen, ist linke Aufgabe; immer auf Abstand zu gehen zu allen Protesten, die den Weiterbetrieb von Verabscheuungswürdigem, aber auch den Weiterbetrieb von Unnötigem zum Gegenstand haben. Und gegen alle Widrigkeiten nicht zu lügen. Kapitalistische Krisen werden auf untere Schichten abgewälzt. Umkämpft, und das ist nicht unwichtig, ist lediglich, in welchem Ausmaß. Eine wohlklingende und zugleich gefährliche Phrase ist die Forderung nach mehr Mitbestimmung oder mehr Einfluss der Belegschaften, wo Identifikation und Comanagement das Bewusstsein prägen. Herbert Marcuse schrieb dazu: »Wo die Klasse jedoch zur Stütze der herrschenden Ordnung geworden ist, würde ihr Aufstieg zur Kontrolle jene nur verlängern.«

Um ein krasses Beispiel zu wählen: Lassen wir, auch aus gegebenem Anlass, Revue passieren, was die Deutsche Polizeigewerkschaft, die Gewerkschaft der Polizei und die Spitzen des DGB verlautbarten, als die Frage des strukturellen Rassismus bei der deutschen Polizei anlässlich der Black-Lives-Matter-Proteste in den USA öffentlich zum Thema gemacht wurde: Sie forderten den blütenweißen Persilschein für alle Zeiten – und zwar apodiktisch und gebieterisch. Und wenn man liest, wie etwa das Magazin der Deutschen Polizeigewerkschaft über Linksradikale schreibt, dann muss doch die Forderung nach mehr Einfluss der Belegschaft folgendermaßen übersetzt werden: Es wäre die demokratische Selbstverwaltung des Faschistoiden durch Gleichgesinnte. Das ist keine Übertreibung. Dürften in Deutschland nur Bullen wählen, hätte die AfD die absolute Mehrheit. Das ist einmal in Hamburg am Beispiel eines AfD-Vorläufers, des Richters Gnadenlos Ronald Schill, erforscht worden.

Natürlich tun wir uns leicht, wenn es um Solidarität und Unterstützung der Kämpfe im Gesundheits- und Pflegebereich, bei den Kitas und so weitergeht. Aber wenn es eine Gewerkschaftslinke geben soll, mit der ich mich verbunden fühle wie bisher, dann muss sie diesen innergewerkschaftlichen Burgfrieden aufkündigen. Sie wird es nicht tun und hält die »Einheitsgewerkschaft« für eine Errungenschaft, ich weiß.

Manchmal möchte man ja solidarisch sein, wenn es zum Beispiel um die tatsächlich gebeutelten Soloselbständigen, also die Tagelöhner im Kulturbereich, geht. Ich persönlich kann ein Lied davon singen, wie scheiße das ist, aber deswegen muss doch nicht behauptet werden, dass auch Kunst systemrelevant sei. Alles, was ich mache – darauf bestehe ich vehement –, ist nicht systemrelevant. Und Kunst, die sich für systemrelevant hält, schafft sich ab. Die Frage, ob auch Zerstreuung systemrelevant ist, lasse ich mal unbeantwortet.

Man weiß es, und im Konkreten ist es dennoch schmerzhaft, wenn Prekäre aus der Veranstaltungswirtschaft, denen von den Benutzern ihrer Arbeitskraft besonders übel mitgespielt wird und die noch nie gegen ihre Auspresssung demonstriert haben, nun mit ihren Ausbeutern gemeinsam auf der Straße sind, um für die Branche staatliche Stützung zu erstreiten. Als sei das nicht so schon absurd genug, freut man sich dann auch noch über ein Grußwort von Roland Kaiser.

Eine furchtbare, ganz unpolemisch zu reflektierende Wahrheit über die Struktur der bestehenden Weltverhältnisse lautet, dass in Rumänien Arbeiter hoffen und hoffen müssen, dass die deutsche Fleischindustrie keinen Schaden nimmt, und dass die Näherin in Bangladesch hofft und hoffen muss, der Lockdown möge enden und ihre Fabrikhölle wieder produzieren und nach Deutschland liefern.

Gestärkt aus der Krise hervorgehen?

Ob Deutschland gestärkt aus der Krise hervorgehen wird, ist deshalb kaum präzise zu beantworten, weil ohne die Corona-Krise zwar nur eine gewöhnliche Rezession – was ja genug Opfer bedeutet – stattgefunden hätte, aber zugleich sich so viele prognostische Fragen auftun, die unterschiedlich viel oder wenig mit der Pandemie selbst zu tun haben. Fragen von Geostrategie und Weltmarktkonkurrenz: etwa ob das Verhältnis von Eindämmung bei gleichzeitigem Kapital- und Warenexport nach China einer größeren Konfrontation weichen kann und was das bedeutet; ob das Verhältnis zu Russland – bisher Sanktionen und Weiterbau der Pipeline – durch eine schroffere Frontstellung ersetzt wird; wie sich das Ausscheiden Großbritanniens aus der EU auswirkt; ob die EU doch einen Zerfallsprozess erleben wird; ob Deutschland mit ausgewählten Partnern, hauptsächlich Frankreich, militärische Strategien relativ schnell realisieren wird, um in relevanten Weltgegenden wirkliche Ordnungspolitik betreiben zu können, und so weiter. Diese Fragen werden bekanntlich auch innerhalb der Herrschaft kontrovers diskutiert. Solche Unwägbarkeiten vorangestellt, im folgenden einige Spiegelstriche.

• Deutschland hat die Mittel eines relativen Siegers, seine sogenannten Corona-Hilfspakete haben ungefähr das Volumen aller anderen EU-Staaten zusammen. Damit kann es Maßnahmen zur allgemeinen Förderung der Kapitalakkumulation, Versorgung mit Geld und Kredit, wenn nicht halbfaule Kredite garantieren und eine Senkung der Mehrwertsteuer und so weiter ins Werk setzen wie kein anderer europäischer Staat.

Aber der deutsche Staat muss dennoch eine Unterstützung ohnehin kriselnder Sektoren vermeiden, denn die Subvention des Pleitekandidaten ist immer ein Abzug vom Gesamtprofit des Kapitals. Die Ausnahmen, etwa den Verzicht auf den billigsten Einkauf auf dem Weltmarkt aus nationalem Interesse zu bestimmen, führt nebenbei zu solch peinlichem Stolz, mit dem Bodo Ramelow dem Talkmaster Markus Lanz einen echten Thüringer Mund- und Nasenschutz schenkte. Wo es um mehr als Masken geht, steht die staatliche Bezuschussung und Beteiligung am Zukunftsfähigen und die Abwehr von Übernahmen durch das feindliche Ausland im Mittelpunkt – exemplarisch könnte man einige Staatsbeteiligungen wie etwa die 300 Millionen Euro für Curevac nennen.

• Von gewaltiger Dimension ist außerdem die weltweite Schlacht um die Wasserstofftechnologie, der für das Jahr 2050 allein in Europa ein Umsatz von 800 Milliarden Euro vorhergesagt wird. Da auch Japan, China und die USA auf diesem Gebiet gewaltig investieren, ist der Ausgang solcher Schlachten für einen Analytiker kaum vorherzusehen. Das gilt auch für die Automobilindustrie, denn wir wissen ja trotz aller Bezuschussung von E-Mobilität, Infrastruktur und Forschung nicht, welches nationale Kapital hier oder beim autonomen Fahren die Nase vorn haben wird. Um keine gewagte Prognose handelt es sich allerdings bei der Annahme, dass durch Vereinfachung der Produktion größere Teile der Zuliefererindustrie in die Pleite gehen werden.

• Selbstverständlich können wir auch beobachtend feststellen, dass aus der Not Geborenes für enorme Beschleunigung sorgt. Das Homeoffice, also in der Regel der Arbeitsplatz für gehobene Schichten der Gehaltsempfänger, die körperliche Arbeit und Dienstleistung eher koordinieren, wird die Form der Arbeitsorganisation verändern. Das gute alte Bürohaus, das Fixkosten als konstantes Kapital verursacht, steht vielleicht vor einem Prozess der latenten Entvölkerung und des Rückbaus. Ähnliche Prozesse der Beschleunigung lassen sich auf allen Feldern der Digitalisierung beobachten.

• Deutschland wird sein erdrückendes ökonomisches Gewicht in der EU ausbauen. Dass man, die gewaltigen Vorteile durch den Binnenmarkt und die gemeinsame Währung bedenkend, mit Italien, Frankreich und Spanien nicht ganz so schonungslos umspringen würde wie weiland mit Griechenland – Erpressung kombiniert mit Alimentierung –, lag im Interesse des ideellen Gesamtkapitalisten und wurde von der Wirtschaft selbst gefordert. Ich denke jedoch nicht, dass daraus eine allgemeine Tendenz zu Euro-Bonds und gemeinsamer Schuldenaufnahme erwächst.

Ein Mittel gegen rechte Ambitionen, die EU zu sprengen, sind die 750 Milliarden Euro Hilfsgelder aus Brüssel wahrscheinlich dennoch. Auch weil es in Deutschland weniger Infizierte und Tote, aber vor allem nur eine geringfügige Lahmlegung des Wirtschaftslebens gab, fallen die Schrumpfungsprozesse hierzulande wahrscheinlich signifikant geringer aus. Wenn für Deutschland ein Schrumpfen der Wirtschaftsleistung um 6,6 Prozent prognostiziert wird, aber für Frankreich, Italien und Großbritannien jeweils von elf Prozent auszugehen ist, dann sind das schon erheblich unterschiedliche Bedingungen für den antizipierten Neustart.

• Selbstverständlich wird es in Deutschland Insolvenzen und Betriebsschließungen geben. Manch Mittelständler und Kleinunternehmer wird den Untergang seines, wie man heute so sagt, Lebenswerks beflennen. Arbeitslosigkeit und Wohnungslosigkeit werden steigen. Manch Künstler, Kreativer, Soloselbständiger wird in Ermangelung von Systemrelevanz von Hartz IV versorgt werden. Den Transparenten zum Trotz, auf denen das Gegenteil behauptet wird, wird sich Kunst eben doch erweisen als das, was sie nun einmal ist: eine Ware.

Betrachtet man aber die möglichen Einbrüche, also etwa bei British Airways, oder ziehe ich ins Kalkül, dass möglicherweise jede zweite britische Firma von der Pleite bedroht sein könnte, wie Jörg Kronauer schrieb, dann werden die Unterschiede schon deutlich.

Aus der Krise geht als Sieger hervor, wer die geringsten Verluste erleidet. China hat temporäre Exporteinbußen von zwölf Prozent, die USA von 35,8 Prozent. Das macht schon deutlich, wer aktuell auf- und wer nicht aufsteigt – das hängt nicht nur mit den unterschiedlich hohen Zahlen der Pandemietoten zusammen, aber auch.

Dass bei aller Tendenz zum Protektionismus offene Märkte und Freihandel für Deutschland von ausschlaggebender Bedeutung bleiben, liegt bei der hiesigen Exportquote – und Export ist nun einmal Reichtumstransfer vom importierenden in das exportierende Land – auf der Hand. Signifikante Einbrüche könnten nie und nimmer von der Binnennachfrage kompensiert werden.

● Was die armen Regionen der Welt betrifft, halte ich meinen Alarmismus, den ich kaum zügeln kann, für angemessen. Natürlich sind verschiedene Weltregionen noch unterschiedlich betroffen – Afrika etwa noch vergleichsweise wenig. Der Prozess des Durchsickerns des Virus zu den Armen hat aber etwas Unaufhaltsames. Staaten können die Pandemie befördern, wie Brasilien, oder abmildern. Aber die sozialen Verhältnisse, die Wohnsituation in den Slums oder auf dem Land, das fehlende Gesundheitssystem und die Lage der Prekären, die überall in diesen Ländern die Mehrheit stellen, zwingt sie zum Verstoß gegen die Anordnungen, wenn sie nicht verhungern wollen. Ohne hier auf einzelne Staaten empirisch einzugehen, also die Unterschiede zwischen Brasilien, Mexiko, Iran, Indien und Südafrika vernachlässigend, müssen wir aus einzelnen Untersuchungen über die jeweiligen Länder – Detlef zum Winkel hat das exemplarisch für den Iran beschrieben – davon ausgehen, dass die tatsächliche Zahl der Todesopfer ein Mehrfaches der offiziell statistisch erfassten beträgt.

● Die WHO erwartet Hungersnöte biblischen Ausmaßes, die Zahl der vom Hungertod Bedrohten könnte weltweit um 135 Millionen Menschen steigen, in Afrika um 65 Millionen. Reichere Länder haben Lebensmittel gehortet, Nahrung wird unerschwinglich, es gibt Exportverbote, die Lieferketten haben reißen lassen, mit furchtbaren Auswirkungen in Gegenden der Monokultur. Überweisungen von migrantischen Familienangehörigen bleiben aus und so weiter.

Die immer schon illusionäre Prognose der Uno zur baldigen Halbierung und schließlichen Abschaffung des extremen Hungers ist schlicht Propaganda, und man wird nicht ermitteln können, wer an Corona krepiert, wer an Klimawandel und Dürre, wer an kapitalistischer Zerschlagung von Subsistenzwirtschaft, wer an Kriegen und auf der Flucht vor ihnen und wer ganz ohne Corona untergeht, weil sein Staat in der Konkurrenz unterlegen war – wie es beispielsweise auch ohne Explosion im Hafen und ohne Corona für den Libanon feststand.

Es ist schwer zu antizipieren, ob hier – zynisch betrachtet, also aus kapitalistischer Sicht – nur überflüssiges oder auch produktives, zum Beispiel für Rohstofflieferungen notwendiges Menschenmaterial krepiert. Es wird Hungersnöte geben, und es wird Hungeraufstände geben. Ob mit emanzipatorisch-solidarischer Stoßrichtung oder ethnisch borniert und in Clanstrukturen verhaftet, ist nicht ausgemacht.

Alles, was ich hier nur angedeutet habe, schildert Weltmarktkonkurrenz, aber keinen Zusammenbruch. Der Kapitalismus lebt mit und der Kapitalismus erneuert sich durch die Verheerungen, die er mit seinen Krisen selber anrichtet.

Bloß kein Demokrat sein

Mein politisches Leben war und ist von Protest gegen staatliche Repression geprägt. Zu keinem Zeitpunkt während der Corona-Notstandsmaßnahmen habe ich jedoch eine Bedrohung der Demokratie, gar die Einführung einer Gesundheitsdiktatur befürchtet. Ich halte all das, was die deutsche Bundeskanzlerin ja selbst als Zumutungen bezeichnet hat, für intentional temporär, für ein zeitliches Zwischenspiel vor der Rückkehr zur sogenannten Normalität. Ich bestreite mit dieser Aussage keineswegs, dass Erfahrungen und Erkenntnisse aus der Pandemiebekämpfung in eine zukünftige autoritäre und repressive Politik einfließen können. Ein Blick auf die Meinungsforschung aus Bielefeld (»Mitte-Studie«) und Leipzig (»Autoritarismus-Studie«) lässt erkennen, dass das faschistoide Potential in Deutschland weitaus größer ist, als es etwa die Wählerstimmen für die AfD suggerieren. Jede einschneidende ökonomische Krise, etwa ein langanhaltender Absturz des deutschen Exportgeschäfts, könnte das Faschistoide enorm stärken und ihm möglicherweise zum Durchbruch verhelfen.

Ich könnte für meine Position anführen, dass die vielbeklagte »Stunde der Exekutive« stets noch ihr Ende gefunden hat und die ebensoviel beschworene »Stunde des Parlaments« wieder schlug und mich mit Debatten, auf die ich kein Gehirnschmalz zu verwenden bereit bin, belästigte – ob etwa in der Mehrwertsteuersenkung zuviel Gießkannenprinzip angelegt sei, wie man den Bundestag verkleinert, wie man den Lobbyismus reguliert und welche institutionellen Konsequenzen aus dem Wirecard-Skandal zu ziehen wären. Da tobt die Langeweile parlamentarischer Meinungsfreiheit.

Ich könnte anführen, das Demonstrationsrecht sei doch nach kurzer Zeit wieder in Kraft gesetzt worden, antirassistische Manifestationen beachtlicher Größe fanden zu meiner Freude statt – zumal die Veranstalter sich nebenbei auch bemühten, so einem alten COPD-vorerkrankten Risikomenschen wie mir jedenfalls am Rande das Mitlaufen zu ermöglichen.

Die falsche These – und das ist keine erfreuliche, sondern eine deprimierende Erkenntnis –, der zufolge die Übernahme faschistoid-rassistischer Positionen immer der Partei schade, die sie adoptiert, weil doch am Ende »das Original« gewählt werde, blamiert sich. Die ungeheure Beliebtheit des österreichischen Bundeskanzlers Sebastian Kurz, der mit den Grünen alle flüchtlingspolitischen Forderungen der Freiheitlichen umsetzt, und auch die Verehrung von Markus Söder hierzulande beweisen das. Die Organisation des Grauens durch Demokraten, der Vollzug des »Sachzwangs« ohne das ganz große verbale Übermaß, garantiert gegenwärtig seinen stabilsten Verlauf. Jedenfalls im Regelfall.

Falsch ist auch die pauschale Annahme, dass in Zeiten der Krise immer die Regierenden gewinnen würden. Das gilt zum Beispiel für den französischen Staatspräsidenten Emmanuel Macron keineswegs. Und zugleich registrieren wir, dass bei den französischen Kommunalwahlen die Grünen siegreich waren, nicht die Parteigänger Marine Le Pens. Zumindest unsicher sollte man sein, ob Donald Trump seine Wahlchancen durch seine Verharmlosung des Virus verbessert oder gemindert hat.

Worum es mir geht: Gerade wenn und weil ich die Initiatoren der ersten »Hygiene-Demos« mit dem Grundgesetz rumfuchteln sah und Ken Jebsen sich als Verteidiger der freiheitlich-demokratischen Grundordnung geriert – manchmal tut das auch die AfD –; gerade wenn und weil der Verfassungsschutz ermittelt, ob eine Mehrheit der Demonstranten freiheitlich-demokratische Normalos sind; gerade wenn und weil linksliberale Apologeten der Zivilgesellschaft, die das Geschäft der Korrektur der somit auf ewig akzeptierten Herrschaft betreiben, gekränkt sind, dürfen sich Anhänger der Gesellschaftskritik nicht in Demokraten transformieren.

Es muss für einen Linken doch als schlechter Scherz erkennbar sein, wenn die Klage über die beschnittenen »Freiheitsrechte« auch die Gewerbefreiheit, die dem Tellerwäscher erlaubt, Besitzer von Produktionsmitteln und also Bourgeois zu werden, anführt – was für eine Sakralisierung des Liberalismus, ein Anhimmeln der kapitalistischen Ordnung, die ehemals den doppelt freien Lohnarbeiter weltanschaulich feierte, eine Weihe der im Grundgesetz fixierten Verteidigung des Privateigentums.

Linke bekämpfen und negieren, was falsch und reaktionär ist – und zwar auch im Handgemenge des Alltags. Sie feiern niemals – abstrakt, pauschal – Meinungs- und Demonstrationsfreiheit oder die Toleranz. Gerade habe ich mich gegen die Rückkehr des AfD-Mitbegründers Bernd Lucke auf seinen Hamburger Lehrstuhl engagiert. Vor langer Zeit ging es mal um die Enteignung Springers. Der Versuch, reaktionäre Demonstrationen zu verhindern, ist jahrzehntealte linke Praxis. Toleranz, einstmals verfochten von Aufklärern und heroischem Bürgertum, ist zugleich unverwirklicht *und* ihr Postulat Herrschaftsideologie, die aus schroffen Antagonismen, zu denen nun mal auch der Hass gehört, das seichte Ritual der disputierenden Meinungsverschiedenheiten macht: Augstein versus Blome.

Auch die Religionsfreiheit ist mein Ideal nicht, sondern die Freiheit von Religion, von der ich weiß, dass man sie nicht dekretieren kann oder sollte. Kurzum: Linke Gesellschaftskritik steht der bürgerlichen Demokratie und ihrer Eigentumsordnung mit negatorischem Spott und Verachtung gegenüber. Sie nennt sie, um die Unfreiheit zu betonen, »verwaltete Welt«. Eine ältere Schule sprach von der demokratischen Diktatur der Bourgeoisie.

Mir scheint, es wird immer schwieriger – man kommt sich, auch in den Milieus, in denen ich meist auftrete, isolierter, manchmal sogar abseitiger vor –, freimütig nicht als Demokrat, nicht als Verteidiger der bürgerlichen Demokratie aufzutreten. Dabei werfe ich gar nicht wild um mich mit solch schockierenden Feststellungen wie etwa der von Marx, dass »die Arbeiterklasse nicht die fertige Staatsmaschinerie einfach in Besitz nehmen und diese für ihre eigenen Zwecke in Bewegung setzen« kann. Oder mit Aussagen wie: »In dem Maße, wie der Fortschritt der modernen Industrie den Klassengegensatz zwischen Kapital und Arbeit entwickelte, erweiterte, vertiefte, in demselben Maß erhielt die Staatsmacht mehr und mehr den Charakter einer öffentlichen Gewalt zur Unterdrückung der Arbeiterklasse.« Diese Gewalt müsse »zerschlagen« werden, um »den ganzen Staatsplunder abzutun« und etwas ganz anderes zu errichten: »Die Diktatur des Proletariats ... Wollt ihr wissen, wie diese Diktatur aussieht? Seht euch die Pariser Kommune an. Das war die Diktatur des Proletariats.«

Zwischen der Niederschrift dieser Sätze, die aus *Der Bürgerkrieg in Frankreich* von Karl Marx beziehungsweise dem zugehörigen Vorwort von

Friedrich Engels stammen, und heute liegt so vieles: Marx' vergeblicher Versuch, der Staatsfixierung der deutschen Sozialdemokratie, den »Lasalleanern«, entgegenzutreten; Lenins Bemühen, die wenigen Fragmente bei Marx zu einer Staats- beziehungsweise Revolutionstheorie auszubauen (*Staat und Revolution*); Stalins despotische Interpretation der »Diktatur des Proletariats« oder auch des »Staats des ganzen Volkes«; Antonio Gramscis Gedanke, dass der Staat im entwickelten Kapitalismus aus weit mehr bestehe als bloß der in Russland oder in Paris um 1871 dominierenden Repression, weshalb es im Stellungskrieg ein Ringen um Hegemonie geben müsse; Louis Althussers spätere Überlegungen zu den »ideologischen Staatsapparaten« und ihrer Bedeutung; Nicos Poulantzas' Behauptung, der Staat sei durch soziale Verhältnisse und Kämpfe bestimmt, er sei funktional nicht festgelegt, sondern eine »materielle Verdichtung eines Kräfteverhältnisses zwischen Klassen und Klassenfraktionen«. Wer sich unsicher fühlt in diesen Fragen, lese zum Auftakt Moritz Zeilers *Materialistische Staatskritik* (Schmetterling-Verlag).

Ich halte es für einen Irrglauben, dass »die Staatsfrage« jenseits von persönlicher Lebens- und Berufsplanung aus purem Interesse an Erkenntnis debattiert wird. Wer sich entschlossen hat, seinen Broterwerb in oder am Rande von Parteistrukturen zu gestalten und – eines Tages vielleicht – zu den Stützen einer Linksregierung zu gehören, wird sich von Poulantzas die höhere »theoretische« Weihe geben lassen; wer aus tiefstem Herzen seine Nation, seine Heimat liebt und ohne Zerwürfnis mit dem »Volk« durchs Leben kommen und in der Politik eine Nummer sein will, wird von Gramsci ganz gut munitioniert für den sogenannten »linken Populismus« im Stile Chantal Mouffes und Ernesto Laclaus. Wer tüchtig in irgendeiner »globalisierungskritischen« NGO rödeln will, holt sich wahrscheinlich Sinnstiftung und Ermutigung beim Politikwissenschaftler John Holloway. Erkenntnisinteresse ohne das Diktat seiner praktischen Nutzanwendung ist bekanntlich eine Rarität.

Der Begriff »Diktatur des Proletariats« stand – nebenbei bemerkt – einmal wie selbstverständlich im Programm der österreichischen Sozialdemokratie, im Programm der Austromarxisten zwischen den beiden Weltkriegen und im Programm der Kommunistischen Partei Frankreichs bis in die siebziger Jahre. Althusser hat die Abschaffung dieses Begriffs kritisch und lesenswert reflektiert. Nicht, dass diese Parteien eine »Diktatur des Proletariats« je ernsthaft im Sinn gehabt hätten – über die Irrelevanz von Sonntagsreden und Parteiprogrammen im Verhältnis zur realen Politik der Verwaltung des Bestehenden hat Karl Kraus erschöpfend gespottet. Und dass die Kommunistische Partei Frankreichs den Ballast, die drückende Erinnerung an Ambitionen des Umsturzes abwarf, war weder Verrat an ihrer höchstens kämpferischen Sozialpartnerschaft, noch war es Verrat an den Wünschen ihrer Wähler, die sich angemessene Ausstattung ihrer proletarischen Existenz, nicht Befreiung von Lohnarbeit von der Stützung ihrer Partei erhofften. Dennoch ist es im Vergleich zum deutschen Verständnis von Demokratie, Grundgesetz und Verfassungstreue bemerkenswert, dass in anderen Ländern und zu anderen Zeiten Parteien legal existieren konnten, die die »Diktatur des Proletariats« programmatisch verfochten.

Hinter alledem lauern zwei Fragen, die für systemkritisches Denken sehr wichtig und zugleich ohne jede Relevanz für die Tagesaktualität sind.

Die erste Frage ist die nach der Möglichkeit einer quasi-evolutionären Transformation der bestehenden in eine qualitativ andere, klassenlose Gesellschaft. Hermann L. Gremliza beantwortete sie einmal so, und ich stimme ihm zu: »Wer aus den Erfahrungen des 20. Jahrhunderts nicht gelernt hat, dass die Bourgeoisie unabwählbar ist, hätte sein Lehrgeld besser versoffen. Näher als Chiles Allende ist solchem Ziel keiner gekommen, und auch er war ihm weltenfern« (*Haupt- und Nebensätze*, **konkret**-Verlag).

Die zweite Frage ist die nach der Notwendigkeit revolutionärer – Dispute, Fraktionierungen, linken Pluralismus, künstlerisches Experiment, Außenseitertum und autonom-außerstaatliche Initiative zulassenden – Repression gegen jene, die die alte Ordnung wiederherstellen wollen. Das ist die Kontroverse zwischen jenen Linken, die die Abschaffung der Gewaltinstanz Staat im ersten Zuge der Umwälzung für unabdingbar erachten, und ihren Antipoden, die einen »absterbenden Staat«, seine schrittweise Rücknahme in die Gesellschaft, für eine Notwendigkeit halten. In einer Welt voller legitimierter Gewalt trägt ein Wort in dieser Sache, die ja theoretisch eine ernste ist, den Vorwurf des »Stalinismus« ein – und Marx wird zu einem schuldigen Stichwortgeber despotischer Episoden der Sowjetunion.

Die Kritische Theorie der Gesellschaft analysiert die bestehende, demokratische Gesellschaft als ganze als irrational, ausgestattet »mit einer bestürzenden Harmonie von Freiheit und Unterdrückung, Produktivität und Zerstörung, Wachstum und Regression«, wie es bei Herbert Marcuse heißt. Sie setzt ein bestimmtes konsumptives Niveau als Bedingung der Demokratie voraus – »eine komfortable, reibungslose, vernünftige, demokratische Unfreiheit herrscht in der fortgeschrittenen industriellen Zivilisation« – und ist gerade nicht durch Toleranz und Pluralismus eingeschränkt, sondern bedarf ihrer: »Nicht nur eine besondere Regierungsform oder Parteiherrschaft bewirkt Totalitarismus, sondern auch ein besonderes Produktions- und Verteilungssystem, das sich mit einem Pluralismus von Parteien, Zeitungen, ausgleichenden Mächten durchaus verträgt.« Die Gleichschaltung mit der bestehenden Wirklichkeit werde hierdurch nicht behindert, eher befestigt; in einem bis dahin ungekannten Ausmaß: »Die Reichweite der gesellschaftlichen Herrschaft über das Individuum ist unermesslich größer als je zuvor.« Daraus folgt, und ich denke, in diesem Punkt ist sich die Kritische Theorie unsicher und schwankt: »Demokratie erwiese sich als das leistungsfähigste Herrschaftssystem.« Jede wirkliche Emanzipation also, jede den Namen verdienende politische Freiheit »würde die Befreiung der Individuen von der Politik bedeuten« (Zitate aus *Der eindimensionale Mensch*).

Diese Kritik der Politik (beziehungsweise die Wiederbelebung dieser Schule) ist eine der großen intellektuellen Errungenschaften von 1968 – in Deutschland die Überwindung des lähmenden Vermessens des Widerspruchs von Verfassungsideal und Verfassungswirklichkeit, das nie darüber hinausgelangen kann, der Herrschaft beziehungsweise einzelnen Parteien vorzuwerfen, sie stünden nicht wirklich, praktisch und mit aller Konsequenz auf den eigentlich guten Postulaten des Grundgesetzes.

Johannes Agnoli gebührt das Verdienst, dieses Gefängnis des Denkens vielleicht am entschiedensten aufgebrochen zu haben. Die »kritische Politologie«, der er durchaus Verdienste zuschreibt, »löst sich in der schlichten Gegenüberstellung von gutem oder schlechtem Gebrauch der Politik (oder der Verfassung) auf, übersetzt sich in die Abwägung guter und schlechter legislativer und exekutiver Tätigkeit – um am Ende in die Frage des Personals abzudriften (...). Dem zugrunde liegt, dass die Verlötung von Norm und Wirklichkeit (...) verkannt wird. Die kritische Politologie begreift nicht, dass die Norm als Teil der Wirklichkeit sich in objektive Zwangsregelungen und in mit Staatsgewalt durchsetzbare Regulierungen umsetzt (...). Die Mitteilung also, die da zu machen ist, bezieht sich nicht auf das gestörte Verhältnis der Politik zur Verfassung. Sie zeigt vielmehr an, dass die Verfassung die Regelung eines gestörten gesellschaftlichen Verhältnisses ist« (*Die Transformation der Demokratie*, Ça-ira-Verlag).

Die oben angedeutete Spannung innerhalb der Kritischen Theorie hat auch damit zu tun, dass ihre Analysen in unterschiedlichen historischen Situationen entstanden. In den Jahren nach 1933 scheint den Denkern der Faschismus in gewisser Weise als logische, aus der naturwüchsigen Veränderung des Kapitalismus von der freien Konkurrenz zum Monopol erwachsende, – wenn man so will –: leistungsfähigste Herrschaftsform. Ein typisches Zitat aus jener Zeit, in der auch Max Horkheimer denen, die vom Kapitalismus nicht reden wollten, das Schweigen vom Faschismus anriet, lautete: »Die Wendung vom liberalistischen zum total-autoritären Staate vollzieht sich auf dem Boden derselben Gesellschaftsordnung. Im Hinblick auf diese Einheit der ökonomischen Basis lässt sich sagen: Es ist der Liberalismus selbst, der den total-autoritären Staat aus sich ›erzeugt‹: als seine eigene Vollendung auf einer fortgeschrittenen Stufe der Entwicklung. Der total-autoritäre Staat bringt die dem monopolistischen Stadium des Kapitalismus entsprechende Organisation und Theorie der Gesellschaft« (»Der Kampf gegen den Liberalismus in der totalitären Staatsauffassung«, Herbert Marcuse, »Zeitschrift für Sozialforschung«, 1934).

In konkreten historischen Situationen war das Prinzip, dem zufolge die Differenz zwischen Autoritarismus und Demokratie nur graduell ist, praktisch nie ganz durchzuhalten. Um Massenmord und Grauen abzuwenden und an der prinzipiellen Möglichkeit von Emanzipation festzuhalten, musste kommunistische Systemkritik sich häufig auf die Verteidigung oder Wiederbelebung der bürgerlichen Demokratie – »der bisher modernsten Form der Diktatur einer zwanghaften gesellschaftlichen Form über die Entwicklung menschlicher Bedürfnisse und Beziehungen« (Robert Kurz) – beschränken. Solch historische Situation, in der wir uns heute nicht befinden, birgt Unfreiheit. Sie nötigt den künstlerischen und theoretischen Außenseitern eine halb freiwillige und halb erpresste Zurückstellung ihrer Kunst und ihrer Kritik auf, wenn sie sich einreihen wollen in das einzig Schlagkräftige, das über Massenbasis, Waffen und Armeen verfügt. Nicht diese Selbstzensur ist verwerflich, sondern der Anspruch auf die Unterordnung durch jene, die über die Bataillone verfügten. Sie haben selbst dezente Abweichungen mit Tritten in den Arsch bestraft: Als der wohlmeinende, aber nicht komplett apologetische Reisebericht des Schriftstellers André Gide über die Sowjetunion erschien, war er nicht länger Präsident des Volksfront-Schriftstellerkongresses, sondern weg vom Fenster und der Denunziation seines Schuldigseins ausgesetzt.

»Im Stande der Unfreiheit« herrscht Adornos kategorischer Imperativ, »Denken und Handeln so einzurichten, dass Auschwitz nicht sich wiederhole, nichts Ähnliches geschehe«, über den von Marx, alle Verhältnisse umzuwerfen, »in denen der Mensch ein erniedrigtes, ein geknechtetes, ein verlassenes, ein verächtliches Wesen ist«. Wer diese beiden Postulate nicht als Widerspruch wahrnimmt, ist blind. Niemals allerdings, auch daran muss erinnert werden, hat es die Kritische Theorie der Gesellschaft gewagt vorherzusagen, ob die größten Verbrechen gegen die Menschheit künftig von demokratisch oder diktatorisch beherrschten Gesellschaften verübt werden.

Im heutigen Handgemenge sind diese intellektuellen Fragen selbstverständlich von Repression strukturiert und beherrscht. So viele Berufe, Posten in Parteien und Stiftungen, die nur erreichen kann, wer schwört, felsenfest auf dem Boden der Verfassung zu stehen. So viele linke Kulturzentren, die – darüber wacht die Extremistenklausel – ihre demokratischen Tugenden belegen müssen. Und ich weiß ja selbst, wie viele meiner Projekte und Auftritte bezuschusst werden vom demokratischen Staat und seinen Unterabteilungen. Mir ist nicht einmal lügenhafte Antragsprosa (die meist scheitert und also durchschaut wird) fremd. Lenin, dafür sei ihm Dank, rät mir und dem linken Kulturzentrum zu Lug und Betrug.

Ich bin sehr sicher – und auch darum dieser Exkurs –, dass das Sterbenlassen von Menschen an Corona, dessen genaues Ausmaß ich nicht antizipieren kann, verschärft legitimiert werden wird mit dem Verweis auf Wirtschaft, Arbeitsplätze, Wohlstand und das Recht auf Vergnügung, aber auch im Rahmen »höherer Staatsbürgerkunde«, also im Namen einer Freiheit, die keine linke ist – im Namen von Demokratie, von Gewerbe-, Reise-, Demonstrations-, Meinungs-, Religionsfreiheit. Und natürlich durch Verweis auf das sakralste aller Rechte: die persönliche Verantwortung, die Würde des mündigen Bürgers. Nur Verachtung für diese Proklamationen wird hier das gebotene Maß Negation ermöglichen.

(PS: Ein Trauerspiel gegen das Denken, aufgeführt von Leuten, denen ich keineswegs nahestehe, die doch aber immerhin, da sie die Prüfung des Verfassungsschutzes nicht bestanden haben, nach ruiniertem Ruf ungeniert leben könnten, wird in der »Jungen Welt« aufgeführt: Hier erklärt Claudia Wangelin: »Das Amt [der Verfassungsschutz, T. E.] hat die wesentlichen Inhalte des Grundgesetzes nicht erfasst. Dem Kapitalismus wird ein Verfassungsrang angedichtet, den er nicht hat.« Da treffen zwei Verfassungsschützer aufeinander, und die »Junge Welt« hat einen Gutachter bestellt, den linken Bundestagsabgeordneten Lorenz Gösta Bentin: »Entgegen landläufiger Meinung steht der Kapitalismus nicht im Grundgesetz.« Die Autorin fährt fort: »Im Artikel 14 des deutschen Grundgesetzes wird klargestellt, dass Eigentum nicht über dem Wohl der Allgemeinheit steht. Eigentum verpflichtet.«

Ja, gut, meinetwegen. Wenn es verpflichten soll, dann muss es aber existieren, also als Eigentum an Produktionsmitteln die Gesellschaft strukturieren. Das könnte man Kapitalismus nennen, oder? Weiter in der Beweisführung zum antikapitalistisch benutzbaren Grundgesetz: »Eine Enteignung ist nur zum Wohle der Allgemeinheit zulässig. Sie darf nur durch Gesetz oder aufgrund eines Gesetzes erfolgen, das Art und Ausmaß der Entschädigung regelt. Die Entschädigung ist unter gerechter Abwägung der Interessen der Allgemeinheit und der Beteiligten zu bestimmen.« Ja, da steht ein Grundstück, das dem Bau einer Autobahn im Wege ist, oder ein Haus, das den Kohleabbau behindert, und der Staat, der wir ja alle sind und der also Verkörperung des Allgemeinwohls ist, darf das regeln. Wie aufregend.

Statt über den Gehalt der Verfassung und des Systems des Rechts in der bürgerlichen Gesellschaft nachzudenken, hat Claudia Wangelin bewiesen, dass der Verfassungsschutz ihr ganz zu Unrecht misstraut. Wäre ich Verfassungsrichter, ich wäre schwer beeindruckt.)

Lasst die Alten sterben

In Zeiten der Pandemie verkörpert die deutsche Staatspolitik scheinbar die Vernunft. Der Staat, notwendiger Kommandeur des Akkumulationsgeschehens und aus der Abschöpfung eines Teils seiner Erfolge bei der Geldvermehrung finanziert, hält das Menschenmaterial mehrheitlich gesund – im Sinne von funktionstüchtig für den ökonomischen Betrieb. Die »Rationalität«, die auf einem irrsinnigen System der Konkurrenz aufsitzt, erlangt den Status der Allgemeingültigkeit, das staatliche Gesetz zur Unterbindung der »Unvernunft« erfährt besonderen Respekt.

Es wendet sich gegen Partikularinteressen, etwa unvernünftige Unternehmer, die sich über die gegebenenfalls gebotene Stillegung ihres Produktions- oder Dienstleistungsgewerbes hinwegsetzen, und unvernünftige Subalterne, die Lohneinbußen, das relative Eingesperrtsein während des »Lockdowns« oder, für gehobene Schichten, das Homeoffice und die Höllen des Familienlebens zu ihrer bisherigen Lebensweise negativ ins Verhältnis setzen und ablehnen – mit aller Bereitschaft das fortzusetzen, was in der Konkurrenz des beruflichen Alltags größte Selbstverständlichkeit ist: die Ignoranz gegenüber den Bedürfnissen der Schwachen, Gefährdeten und Unterlegenen, gepaart mit der Feier des Sieges über sie.

Selbstverständlich treffen in einer Klassengesellschaft Einschränkungen wie die gegenwärtigen die Menschen in höchst ungleichem Maße, aber an die gesamte Bevölkerung war adressiert, was der deutsche Bundespräsident sagte: »Wir alle sehnen uns nach Normalität.« Ich keineswegs.

Das Versprechen einer zeitlichen Befristung der Maßnahmen wurde kombiniert mit staatlichen Leistungen, dem Ende der Sparpolitik der Schwarzen Null, dem Außerkraftsetzen der Maastricht-Kriterien und der Haushaltsdisziplin etc. Bezuschusst und mit Krediten versorgt wurde zeitweise stillgestelltes Kapital (wo die Banken Zweifel hatten, sicherte der Staat den potentiellen oder sogar bereits in Rechnung gestellten Kreditausfall zu hundert Prozent ab). Alimentiert wurden auch die Lohnabhängigen, selbstverständlich gestaffelt nach ihrer Systemrelevanz – ein in Kurzarbeit gehaltener Automobilfacharbeiter hat selbstverständlich einen anderen Status als eine Kellnerin oder ein Tagelöhner, der sich dünkt, Soloselbständiger zu sein.

Nebenbei bemerkt: Ich glaube nicht an die Geschichten von schönen Gemeinschaftserlebnissen in der Krise. Ich glaube weder, dass es Weihnachten besinnlich zugeht noch dass gemeinsames Anhäufen von Sandsäcken, wenn der Fluss über die Ufer tritt, je verfeindete Nachbarn versöhnte. Die Hässlichkeiten im Sozialverhalten auch unter den Biodeutschen sind während der Pandemie gewiss nicht zurückgegangen. Neben eigenen Beobachtungen kann ich Berichte darüber anführen, wie derbe man in Nordfriesland gegen Hamburger Wochenendhausbesitzer vorging und was die, die mit dem Autokennzeichen für Gütersloh herumfuhren, so erlebt haben, wenn die lieben Landsleute sie nicht in ihrer Nähe wissen wollten.

Das Versprechen, die staatlichen Maßnahmen seien temporär, kündet von der sehnsüchtig erwarteten Normalität und wird begleitet von der ungeduldigen Frage, wann es denn endlich vorbei sei mit den Wirtschaft und Lohnarbeit behindernden Maßnahmen – Maßnahmen übrigens, das hat der Wirtschaftsminister Peter Altmaier deutlich genug gesagt, die ohnehin kränkelnden, den Durchschnittsprofit nicht realisierenden Unternehmen nicht zugeteilt werden dürfen. Das ist ein Anspruch, der so nicht pur zu realisieren ist – manch schöne Geschichte über Insolvenzverschleppung und Umleitung staatlicher Gelder in private Säckel wird zu besichtigen und auszuwerten sein. So geht dem Enthüllungsjournalismus der Stoff nie aus.

Es handelt sich hier um einen objektiven Konflikt. Das Versprechen auf zeitliche Befristung muss mit der Fahndung nach jenen, derentwegen »wir« keine weiteren Opfer auf uns nehmen wollen, einhergehen. Es verlangt von den sogenannten Risikogruppen, sich nicht so zu haben, das Sterben zu akzeptieren, nicht allen über Gebühr zur Last zu fallen.

Die »Versorgung« in den oft unmenschlichen Einrichtungen der Alte-bis-zum-Tode-Aufbewahranstalten ist so grauenhaft, dass die berechtigte Angst alter Menschen, dort zu landen, den Gedanken »Dann lieber tot« befördern muss. Und wer nicht ins Heim muss, sich aber weder Seniorenresidenz noch ausländisches Pflegepersonal (das von seinen Benutzern im Regelfall bis zum letzten Atemzug nach Herrenmenschenart verachtet wird) leisten kann, auf den warten »unzählige Geschichten von abgelehnten Anträgen, von abwertender Behandlung, von Wartezeiten und Ignoranz, von Dienst nach Vorschrift und von weit auseinanderklaffenden Einschätzungen dazu, welche Wünsche und Bedürfnisse als berechtigt gelten können. Die Abhängigkeit vom Sachbearbeiter, die Angst vor der Ablehnung, die Sorge, lebensnotwendige oder gesundheitserhaltende Maßnahmen und Mittel erst nach Widersprüchen oder gar Gerichtsverfahren zu bekommen – das ist Alltag für Menschen, die auf Leistungen des Sozialstaats angewiesen sind«, schreibt Kirsten Achtelik in der »Jungle World«. Das Pflegepersonal ist unterbezahlt und überlastet, aber ich will es nicht besingen und beklatschen – die Pflegenden zu Heldinnen und Engeln stilisieren. Eine Portion Zynismus ist oft genug im Spiel. Für manchen Arzt und die Funktionäre seiner Standesverbände gilt das gleiche.

Jede neue Debatte über die immer legitimer werdende »Sterbehilfe« (siehe das Urteil des Bundesverfassungsgerichts vom Februar 2020) ist verlogen, wenn sie begründete Ängste ausklammert, also individuelle Entscheidungsfreiheit jenseits der gesellschaftlichen Wirklichkeit postuliert. Es geht dabei nicht nur um die künstliche Lebenserhaltung von Hirntoten. Das Gefühl, überflüssig und sinnlos zu sein, wenn sie unproduktiv geworden sind und nichts mehr zum Wohlstand beitragen, ist vielen (ärmeren) Alten eigen. Neben den vielbeschriebenen aktiven, dem Reisen und ihren Hobbys nachgehenden Alten existiert eine wahrlich nicht kleine Gruppe, die den Tag des Renteneintrittsalters nicht ersehnt, sondern fürchtet.

Adorno hat in einer seiner pessimistischsten Erwägungen einen Zusammenhang zwischen objektiven Veränderungen kapitalistischen Produzierens und der (Selbst-)Verdinglichung der Produktionsagenten erwogen:

Allgemein ist das Individuum nicht bloß das biologische Substrat, sondern zugleich die Reflexionsform des gesellschaftlichen Prozesses, und sein Bewusstsein von sich selbst als einem an sich Seienden jener Schein, dessen es zur Steigerung der Leistungsfähigkeit bedarf, während der Individuierte in der modernen Wirtschaft als bloßer Agent des Wertgesetzes fungiert (…). Entscheidend ist dabei in der gegenwärtigen Phase die Kategorie der organi-

schen Zusammensetzung des Kapitals. Darunter verstand die Akkumulationstheorie »das Wachstum in der Masse der Produktionsmittel, verglichen mit der Masse der sie belebenden Arbeitskraft« (Marx). Wenn die Integration der Gesellschaft (...) die Subjekte immer ausschließlicher als Teilmomente im Zusammenhang der materiellen Produktion bestimmt, dann setzt die »Veränderung der technischen Zusammensetzung des Kapitals« in den durch die technologischen Anforderungen des Produktionsprozesses Erfassten und eigentlich überhaupt erst Konstituierten sich fort. Es wächst die organische Zusammensetzung des Menschen an. Das, wodurch die Subjekte in sich selber als Produktionsmittel und nicht als lebende Zwecke bestimmt sind, steigt wie der Anteil der Maschinen gegenüber dem variablen Kapital (*Minima Moralia*, »Novissimum Organum«).

Man kann diese hier vermutete Verdinglichung des Individuums zum Produktionsmittel für zu apodiktisch halten. Aber sich zur Selbstberuhigung auf die Formel, dass nichts so heiß gegessen wird, wie es gekocht wird, zurückzuziehen, verbaut Erkenntnis.

Sowohl die Lohnabhängigen mit ihrer beängstigenden Bereitschaft, die nicht allein mit Verweis auf ökonomische Zwänge zu erklären ist, trotz aller Gefahren zur Arbeit zu gehen, als auch die alten Menschen, die als Kronzeugen der erforderlichen Ignoranz ihnen gegenüber angetreten sind, sind Gefangene der bürgerlichen Ideologie.

Diese speist sich aus:

• *Erfahrung*: Simon Duckheim erinnert in **konkret 6/20** an Jean Amérys Essay *Über das Altern* (1968) über die Kosten-Nutzen-Rechnung, die dem Unproduktiven ausgestellt wird – und die dieser kennt: »So dumm ist er nicht«, schreibt Améry, »dass er nicht wüsste, wie man ihn gerade nur gewähren lässt, wie er Last ist und unnützer Esser.« Es sei »die Negation durch den Blick der Anderen«, die ihm noch »das Unternehmen eines Spaziergangs zum Debakel« werden lasse. In einer Welt, in der »der Mensch ist, was er gesellschaftlich vollbringt«, und in der man, »an- und ausgepeitscht von der Forderung nach Produktion und Expansion (...), erkannt hat, dass nur die Jugend arbeits- und freudenstüchtig ist«, erscheine der Alternde, »dessen Vollbrachtes schon gezählt wurde und gewogen«, a priori verurteilt: »Die anderen (...) haben Bilanz gezogen und ihm einen Saldo vorgelegt, der er ist«: ein »Geschöpf ohne Potentialität«.

• *Propaganda*: Diese hat, wo sie allzu deutlich oder ungeschminkt auftritt, manchmal noch den Status des Unerhörten oder des Tabubruchs. Das mag für Boris Palmer gelten: »Ich sage es Ihnen mal ganz brutal, wir retten in Deutschland möglicherweise Menschen, die in einem halben Jahr eh tot wären, aufgrund ihres Alters und ihrer Vorerkrankungen.« Oder, nicht minder brutal, für den Investor Alexander Dibelius im »Handelsblatt«: »Ist es richtig, dass zehn Prozent der (...) Bevölkerung geschont, 90 Prozent samt der gesamten Volkswirtschaft aber extrem behindert werden?« Trivial-philosophisch liest man es in der »Neuen Zürcher Zeitung«: »Akzeptieren wir, dass der Mensch sterblich ist, ein langes Leben nicht per se Ziel sein kann, dass Wohlstand auf produktiver Arbeit beruht (...), dass auf sieben fette auch sieben magere Jahre folgen können und letztere die Chance auf Erneuerung bedeuten.«

• *Appell an den »gesunden Menschenverstand«*: Wenn die Ethikkommissare nach all den komplizierten Abwägungen des Verhältnisses von Ethik und Recht angesichts der Triage einmal volkstümlich und allgemeinverständlich werden, dann soll's einleuchten. Ein Bioethiker und Philosoph fordert im »Guardian« zum Gedankenexperiment auf: »Denken Sie sich einen Patienten, 85 Jahre alt, an einem Beatmungsgerät, aus der Hospizpflege. Nun kommt ein 45jähriger mit Familie« (ein unschlagbarer Pluspunkt: Er ist kein Single!), »guter gesundheitlicher Konstitution und guter Aussicht auf vollständige Genesung vom Corona-Virus« (da droht keine kostspielige Pflege!), »sofern er die beste verfügbare Behandlung erhält«. Dann folgt die Frage aller Fragen: Wen würden Sie, mal unterstellt, Sie müssten, sosehr es Ihnen aufs Gemüt schlägt, das wäre ja wohl klar ...

Peter Dabrock, der Vorsitzende des Deutschen Ethikrats, Chef eines Gremiums also, das noch alle Erfordernisse des Standorts nach herzzerreißenden Abwägungen gebilligt hat, greift in die Welt von Sportschau und Sportstudio – schon weil dort ganz prinzipiell die Sieger gefeiert und die Verlierer kritisch befragt werden, ob sie denn auch hart genug trainiert hätten: »Inning, so heißen im Baseball die Runden, die man laufen muss. Jemand, der 80 ist, ist schon ein paar mehr Runden gelaufen als ein 30jähriger. Deshalb soll dieser Argumentation zufolge der Junge im Fall von Knappheit im Gesundheitssystem bevorzugt werden. Das ist ja nicht völlig an den Haaren herbeigezogen.«

Die Aufklärung darüber, was der erste Staatszweck ist und was eben keine Priorität besitzen darf, ist die erzieherische Botschaft des zahlreichen staatstragenden Personals. Der Exchef des Bundesverfassungsgerichts, Hans-Jürgen Papier, steuert bei: »Wir müssen uns darüber im klaren sein, dass Sinn und Zweck eines Verfassungsstaats in erster Linie der Schutz der Freiheit ist. Der Gesundheitsschutz rechtfertigt nicht jedweden Freiheitseingriff.« Bundestagspräsident Wolfgang Schäuble hat – keine heftige, skandalisierende Debatte auslösend – die herrschende Rangfolge auf den Punkt gebracht: »Wenn ich höre, alles andere habe vor dem Schutz von Leben zurückzutreten, dann muss ich sagen: Das ist in dieser Absolutheit nicht richtig. Grundrechte beschränken sich gegenseitig. Wenn es überhaupt einen absoluten Wert in unserem Grundgesetz gibt, dann ist das die Würde des Menschen. Die ist unantastbar. Aber sie schließt nicht aus, dass wir sterben müssen (...). Menschen werden weiter auch an Corona sterben.«

Unüberhörbar, dass der Würde, was immer sie sei, das Recht zu leben, die physische Existenz untergeordnet wird. Ich bin übrigens vollkommen überzeugt, dass Schäuble das Grundgesetz richtig interpretiert, dass er auf ihm steht und in ihm gedanklich tief verwurzelt ist.

Interessant, wenn auch nicht überraschend, fand ich, wie vehement sich die als fortschrittlich und als moderne Protestantin geltende Margot Käßmann im Deutschlandfunk auf Schäubles Seite gestellt hat. Sie fand »es gut, dass er diese Frage aufgeworfen hat«. Schließlich »steht auch schon in der Bibel, Psalm 90: Lehre uns bedenken, dass wir sterben müssen, auf dass wir klug werden«. Akzeptanz des Todes als Zeichen von Klugheit, da hat Gott schon seine Prinzipien, die symbiotisch verbandelt sind mit denen des Staates, dem gleicher Gehorsam und gleiche Dankbarkeit gebührt: »Ich finde, wenn die Krise ein bisschen aufweckt und wir sagen, wir können dankbar sein, in diesem Land zu leben, so gut abgesichert, aber vor dem Tod – da hat Wolfgang Schäuble völlig recht – kann uns auch der Staat prinzipiell nicht schützen.« So hat die Pandemie auch ihre guten Seiten, quasi als Erweckungserlebnis – und als Botschaft an die Alten, auf die irdischen Freuden mal zu verzichten und statt dessen über Psalm 90 zu meditieren: »Wenn ich zur gefährdeten Gruppe gehöre, könnte ich mich selbst beschränken (...), da könnten auch mal die Älteren sagen, zugunsten der Jüngeren sind wir bereit (...), auf Konzerte, Großveranstaltungen zu verzichten.«

Aus den Zitaten spricht die Forderung nach einer Normalität, die mich schaudern lässt: »Wir leben und sterben rational und produktiv. Wir wissen, dass Zerstörung der Preis des Fortschritts ist wie der Tod Preis des Lebens, dass Versagung und Mühe die Vorbedingungen für Genuss und Freude sind, dass die Geschäfte weitergehen müssen und die Alternativen utopisch sind«, schreibt Herbert Marcuse in *Der eindimensionale Mensch*. Im herrschenden praktischen Bewusstsein ist kein Platz für die Erkenntnis, dass Einverständnis mit dem Tod »Einvernehmen mit dem Herrn über den Tod (...), dem Staat, der Natur oder dem Gott« impliziert.

Auch Autoren, die vordergründig mit den Corona-Demonstrationen so ihre Probleme haben, sind auf diesem Trip. Im wahrlich durchgeknallten Buch von Gerald Grüneklee, Clemens Heni und Peter Nowak, *Corona und die Demokratie*, kommen die Autoren geradezu zwanghaft auf die verhandelte Problematik zu sprechen. Covid-19 sei keine für alle Bevölkerungsgruppen tödliche Krankheit, schreiben sie, sondern nur für Vorerkrankte und Alte gefährlich. Und mit den Alten und ihrer Gesinnung kennen sich die Autoren aus: »Viele alte Menschen haben heute gar keine Panik und wissen, dass wir alle mal sterben müssen.« Und so findet man auch welche, »die exemplarisch stehen für Hunderttausende alter Menschen in Pflegeheimen: ›Ich habe mein Leben gelebt (...). Ich fürchte mich nicht vor Corona. Corona ist mir egal.‹« Und da bedarf es eben einsichtiger, diesen Todeswunsch Hunderttausender erfüllende Pflegekräfte.

Für sie tritt, im Namen der guten alten Zeit, als noch der gesunde Menschenverstand die möglichen lebensrettenden Maßnahmen verwarf, eine Adelheid von Stösser auf, die Vorsitzende der Pflegeethik-Initiative Deutschland: »Für viele war das Sterben eine Erlösung (...). Wenn es zu einer Lungenentzündung kam, die mit Antibiotika nicht mehr behoben werden konnte, wurde dies als Zeichen des nahenden Todes verstanden ... Sie durften gehen. Ganz einfach und ohne Patientenverfügung. Nach Augenmaß und mit gesundem Menschenverstand wurde im kleinen Kreis entschieden, wann die Behandlung eingestellt wird.« Die Herrschaft über Leben und Tod mit gütigem Augenmaß.[1]

Norbert Bolz, der im Buch von Nowak und Co. mit aller Vehemenz verteidigt wird, ist ein Rechtsradikaler, ein wichtiger Referent der AfD-nahen Desiderius-Erasmus-Stiftung, wo er seine Bewunderung für Jörg Meuthen

---

1 Ein paar Fakten, die ich erst nach meinem Vortrag entdeckt habe: Adelheid von Stösser hatte Auftritte in Bundestagsanhörungen als von der AfD nominierte Sachverständige. »Nach der hier beschriebenen Erfahrung hätte ich eigentlich am Sonntag die AfD wählen müssen. Denn diese Partei hat unsere Bedenken ernst genommen und ist darauf eingegangen«, schreibt die Vorsitzende ihrer obskuren Gefolgschaft. Sie hätte sich dazu aber (noch) nicht durchringen können, obwohl sie »seit dieser Erfahrung verstehen kann, warum den regierenden Parteien die Wähler abhanden kommen«. Vorfeldarbeit nennt man das.

Im Organ der Pflegeethik-Initiative Deutschland, dem »Pflege-Prisma«, findet man alle Zutaten aus der Welt des Wahnhaften. »Achtung: Maskentragen kann tödlich sein«, lautet etwa der Aufmacher im Oktober 2020. Noch tödlicher als die Maske ist natürlich die Spritze: »Wozu braucht es überhaupt eine Impfung gegen ein Virus, das 99 Prozent der Menschen überleben?«, wird im Dezember gefragt, um der irren Behauptung zu folgen, die Menschen stürben nicht am Virus, sondern am Impfen: »Bei der ›dritten Welle‹ – die medial gerade hochgeschaukelt wird, könnte es sich um Impfgeschädigte und Impf-Tote handeln. Da dies jedoch nicht sein darf, werden negative Ergebnisse den Virus-Mutationen zugesprochen.« Vielleicht gibt es längst eine mir unbekannte Antifa-Recherche zu diesem Verein.

oft genug zum Ausdruck gebracht hat. Als sogenannter Medienwissenschaftler hat er eine »hypersensible Weltgesellschaft« diagnostiziert, »in der jeder Kranke, jeder alte Mann, der da keine Luft mehr bekommt und nicht mehr beatmet werden kann, zum Weltereignis aufgeblasen wird von den Massenmedien«. Peter Nowak hält diesen Dreck, der das Krepieren ungesehen machen will, für nicht »skandalisierbar«, da auch er nicht ertragen will, »dass diese Fälle zu einem Weltereignis aufgeblasen« werden, wo man sie doch auch als Bagatellen betrachten könnte. Linke Corona-Verharmloser, die keine inhaltlichen Schnittstellen mit der radikalen Rechten hätten, gibt es nicht. Die gelassene Hinnahme des Todes und das ewige Rumrechnen, ob es eine Übersterblichkeit gibt und wie groß die ist – als wäre das sonstige Sterben die natürlichste Sache der Welt –, ist eine solche Überschneidung. Wer Übersterblichkeit erforscht, kann die in jedem Winter erfrierenden Obdachlosen übrigens nur als irrelevant betrachten. Linkssein ist nur denkbar als Feindschaft gegenüber dem Tod. Der kursorische Charakter des Folgenden kann nur einen Ausgangspunkt bieten, mehr nicht.

Die Ideologie des Todes – (K)eine Abschweifung

Adorno befasst sich in seiner grandiosen Polemik gegen Heidegger, der ideologiekritischen Untersuchung *Jargon der Eigentlichkeit,* mit dem Verhältnis zum Tod. Herbert Marcuse reflektiert in seinem Essay »Die Ideologie des Todes« das Sterben, seine Akzeptanz, seinen dem Leben angeblich erst Sinn und Würde gebenden Status. Beide Denker holen das Thema zunächst von den pseudophilosophischen Höhen, um es kenntlich zu machen als Soundtrack historischer Situationen.

»Der Dichter mag bitten ›Oh Herr, gib jedem seinen eigenen Tod‹. Die Bitte ist so lange sinnlos, wie das Leben des Menschen nicht sein eigenes ist, sondern bloß eine Kette schon im vorhinein festgelegter und von der Gesellschaft verlangter Verrichtungen bei der Arbeit und in der Freizeit ... Ein biologisches *factum brutum* (eine Tatsache, die keine Erklärung zulässt) wird umgewandelt in ein existentielles Privileg«, formuliert Marcuse, der die »Hinnahme und Verherrlichung des Todes« als einen Ursprung der herrschaftsakzeptierenden philosophischen Moral entschlüsselt.

Die ontologische Affirmation des Todes findet in Heideggers Interpretation des menschlichen Daseins als Antizipation des Todes ihren Abschluss. Sie sei die »höchst passende Ermunterung zum Tod« gewesen, als in der Wirklichkeit die »Grundlagen gelegt wurden für die Gaskammern und Konzentrationslager«. »Regrediert wird auf den Todeskult«, heißt es bei Adorno weiter, »deshalb hat der Jargon seit den Anfängen mit der Aufrüstung gut sich vertragen. Heute wie damals gilt der Bescheid, den Horkheimer einer Ergriffenen erteilte, die sagte, Heidegger habe doch wenigstens die Menschen endlich wieder vor den Tod gestellt: Ludendorff habe das viel besser besorgt.«

Lassen wir die Verherrlichung und Überhöhung des eigenen Todes, die die »Überhöhung des Todes der anderen« einschließt, für den Moment außen vor – obwohl das in der Welt allgegenwärtig ist –, dann rückt die Hinnahme des Todes als Bedingung des Sich-Einfügens, seine Akzeptanz als Preis des Fortschritts in den Blickpunkt. »Reicht für Heidegger«, schreibt Adorno, »zur Rechtfertigung des Daseins es selbst, um seiner schmählichen geschichtlichen Gestalt willen, nicht hin, dann einzig seine Vernichtung, die es selbst sei. Als oberste Maxime springt heraus, dass es so ist, dass man sich zu fügen – positivistisch: anzupassen – habe, das erbärmliche Gebot, dem zu gehorchen, was ist. Nicht einmal zu gehorchen; Dasein hat ohnehin keine Wahl, darum ist der Tod ihm gegenüber so ontologisch.«

So ist einerseits »keine Herrschaft perfekt ohne die Todesdrohung und das anerkannte Recht, den Tod auszuteilen«, und ist andererseits Herrschaft angewiesen auf die Akzeptanz des Todes durch die Subalternen: »Der Zusammenhalt der gesellschaftlichen Ordnung hängt in einem beachtlichen Ausmaß davon ab, wie wirksam sich die Einzelnen dem Tod als einer mehr als bloß natürlichen Notwendigkeit fügen, wie sehr sie bereit sind, ja darauf dringen, viele unnatürliche Tode zu sterben, wie sehr sie dem zustimmen, sich zu opfern und sich nicht gar zu sehr gegen den Tod zu sperren (...). Die gesellschaftliche Ordnung verlangt Einwilligung in Mühsal und Resignation, Heldentum und Bestrafung der Sünden (...). Die Kultur schreitet voran durch den Tod auf dem Felde der Ehre, durch den Tod in den Bergwerken und auf den Autobahnen, den Tod als Folge unbesiegter Krankheiten und der Armut und als Produkt des Staates und seiner Organe« (Marcuse, »Die Ideologie des Todes«). Das sei der »Fortschritt durch die Jahrhunderte«. In totaler Gegnerschaft zu diesem »Fortschritt« postulieren Marcuse und Adorno die Negation der Ideologie des Todes als Kollateralschaden.

Der Tod sei, entgegen aller Apologetik, ein »Ereignis voller Schmerz und Schrecken, eine Gewalttat und unwillkommen«. Unterstellt, das Leben wäre wirklich das gute Leben, es böte die Möglichkeit, menschliche Bedürfnisse zu befriedigen und Fähigkeiten zu entwickeln, es wäre Zweck in sich selber und nicht bloß Mittel der Subsistenz, so bedeutete das, »dass der konzertierte und systematische Kampf gegen den Tod in all seinen Formen die (heute) gesellschaftlich tabuisierten Grenzen sprengen würde«: »Der Tod würde keine ontologischen und moralischen Sanktionen mehr mit sich führen. Der Mensch würde den Tod primär als eine technische Grenze seiner Freiheit erfahren, und deren Überwindung würde anerkanntes Ziel individueller wie gesellschaftlicher Anstrengungen«, heißt es bei Marcuse (»Die Ideologie des Todes«). Das eröffne nicht nur die Möglichkeit, »mit gutem Gewissen ein Feigling zu sein«, sondern es enthält die Hoffnung auf ein neues Realitätsprinzip, das das Lustprinzip eher frei als außer Kraft setzte: »Das dynamische Verhältnis von Eros und Todestrieb ist von der Art, dass der Todestrieb, reduziert unter das Niveau, auf dem er seine gesellschaftlich nützliche Funktion ausüben kann, das Lustprinzip über das ›erträgliche‹ Maß hinaus freisetzen würde.«

Begreifbar gemacht werden soll der fundamentale Unterschied zweier Aussagen: »*Die Gattung* setzt sich durch den Tod des Individuums hindurch fort: Das ist ein natürliches Faktum. *Die Gesellschaft* setzt sich durch den Tod der Individuen hindurch fort, das ist kein natürliches Faktum mehr, sondern ein geschichtliches.« Marcuse entfernt sich hier von der These, ein primärer Todeswunsch oder Todestrieb sei jedem organischen Leben eigen. Er formuliert vorsichtig, die herrschenden gesellschaftlichen Einstellungen »scheinen die These vom historischen Charakter des Todestriebs zu stärken«.

Adorno wie Marcuse umkreisen die Frage, ob in einer befreiten Gesellschaft, die eine ohne Angst wäre, der Tod seinen furchteinflößenden Charakter verlieren oder dieser jedenfalls gemildert sein könnte. Adorno:

Denkbar ein gesellschaftlicher Zustand, in dem die Menschen den Tod nicht mehr verdrängen müssten, vielleicht anders ihn erfahren könnten als in Angst, dem Mal kruden Naturzustandes, den Heideggers Lehre mit supranaturalistischen Worten verewigt. Verdrängt wird der Tod aus verblendeter Selbsterhaltung; an seinem Grauen hat Verdrängung selbst teil. In einem nicht länger entstellten, versagenden Leben, einem, das die Menschen nicht mehr um das Ihre betröge, brauchten sie wohl nicht erst mehr vergebens zu hoffen, dass es ihnen doch noch das Versagte gewähre, und darum auch gar nicht mehr so sehr zu fürchten, es zu verlieren, wie tief ihnen solche Angst auch eingefleischt ist. (*Jargon der Eigentlichkeit*)

Marcuse, auf derselben Suche:

An sich ist Endlichkeit eine plane biologische Tatsache: die, dass das organische Leben der Individuen nicht ewig weitergeht, dass sie altern und vergehen. Aber diese biologische Beschaffenheit des Menschen muss nicht unbe-

dingt eine unerschöpfliche Quelle der Angst sein. Sie kann sehr wohl das Gegenteil bedeuten (...), nämlich das Stimulans unaufhörlicher Anstrengung zu sein, die Lebensgrenze weiter hinauszurücken (...). Solange der Mensch sich den Tod nicht wirklich »zu eigen« gemacht hat, das heißt, solange er ihn nicht seiner Autonomie unterstellt hat, solange ist er nicht frei. Die Verwirklichung solcher Autonomie ist erst denkbar, wenn der Tod nicht mehr als »Negation der Negation«, als Erlösung vom Leben erscheint.

Das ist ein sehr weitreichendes utopisches Versprechen, nach dem der Tod der menschlichen Autonomie unterstellbar sei. Ich bin unsicher, ob nicht Marcuse hier eine schlechte Utopie, einen unhaltbaren Zukunftsentwurf ausmalt. Auch Adorno wagt sich, mit aller relativierenden Vorsicht, zuweilen sehr weit vor: »Angesichts des Postulats der Verfügung über organische Prozesse, das Umriss gewinnt, (ist) der Gedanke einer Abschaffung des Todes nicht a fortiori abzutun. Sie mag sehr unwahrscheinlich sein; denken jedoch lässt sich, was existentialontologisch nicht einmal sich denken lassen dürfte« (*Jargon der Eigentlichkeit*).

Ich komme zurück zu dem, was mir gegen die heutige sogenannte Risikobereitschaft, die Rede vom Preis des Wohlstands, das verbissene Festhalten an ökonomischen Kennziffern und die Denunziation berechtigter Angst als Feigheit die wichtigste Feststellung scheint: »Einvernehmen mit dem Tod ist Einvernehmen mit dem Herrn über den Tod: der Polis, dem Staat, der Natur oder dem Gott. Nicht das Individuum, sondern eine höhere Macht richtet« (Marcuse, »Die Ideologie des Todes«). Dieses Einvernehmen fängt nicht erst an, wenn es an Intensivbetten mangelt und das Gesundheitssystem zusammenbricht.

PS: Aus einem Dilemma komme ich nicht heraus: Linke müssen das Leben als das höchste aller Güter ansehen und doch stets ein Höheres kennen, um dessen willen es zu wagen wäre. Nichts ist leichtfertig an dieser Feststellung, die nicht dem Kult des mutig in den Tod gehenden Partisanen anhängt. Aber diese beiden Prinzipien müssen kollidieren, solange wir jenen die Treue halten und sie auch bewundern, die ihr Leben in die Waagschale geworfen haben, um Bestandteil der großen Verweigerung zu sein, und der Bestrebung dienten, Unglück abzuwenden und eine bessere Gesellschaft zu errichten.

Corona und die Kritik der Bedürfnisse

Bedürfnisse, halten wir das zunächst einmal fest, sind so geschichtlich wie etwa die Produktionsverhältnisse, die Produktionsweise oder die Aufteilung der Welt in konkurrierende Staaten. Ágnes Heller schreibt in ihrem

Buch *Theorie der Bedürfnisse bei Marx*: »Jede Gesellschaft hat ihr eigenes Bedürfnissystem, das daher für die Beurteilung des Bedürfnissystems einer anderen Gesellschaft in keinerlei Hinsicht maßgebend sein kann.« Wolfgang Fritz Haug ergänzt: »Die menschlichen Bedürfnisse sind von Natur aus unbestimmt. Jede aktuelle Bestimmung, die das Bedürfnis wissen lässt, was es will, wird gesellschaftlich vermittelt.« Und Adorno verdeutlicht das Interesse der Macht an der Lüge von den natürlichen Bedürfnissen in seinen »Thesen über Bedürfnis«: »Jeder Trieb ist so gesellschaftlich vermittelt, dass sein Natürliches nie unmittelbar, sondern stets nur als durch die Gesellschaft produziertes zum Vorschein kommt. Die Berufung auf Natur gegenüber irgendeinem Bedürfnis ist stets bloß die Maske von Versagung und Herrschaft.«

Adornos Ausgangspunkt ist das »Leiden der gewaltigen Mehrheit aller Menschen auf der Erde. Wird produziert, was alle Menschen jetzt, hier am dringendsten brauchen, so ist man allzu großer sozialpsychologischer Sorgen wegen der Legitimität ihrer Bedürfnisse enthoben.«

Und Herbert Marcuse ergänzt in *Der eindimensionale Mensch*: »Die einzigen Bedürfnisse, die einen uneingeschränkten Anspruch auf Befriedigung haben, sind die vitalen – Nahrung, Kleidung und Wohnung auf dem erreichbaren Kulturniveau« (als Vorbedingung der Verwirklichung aller weiteren Bedürfnisse). Das so selbstverständlich Scheinende, das fast schon zu schlicht Anmutende, ist in der Gesellschaft, in der ich lebe, marginal. Das Apodiktische findet keinen Anknüpfungspunkt. »Wird jedoch in einer Gesellschaft, in der Hunger angesichts vorhandener und offensichtlich möglicher Güterfülle jetzt und hier vermeidbar wäre, gleichwohl gehungert, so verlangt das Abschaffung des Hungers durch Eingriff in die Produktionsverhältnisse« (Adorno, »Einleitung zum Positivismusstreit in der deutschen Soziologie«). An die Stelle des Eingriffs in die Produktionsverhältnisse, der Enteignung also, ist, wie wir wissen, manches Programm zur Mittelstandsförderung oder Ausweitung der Mitbestimmung getreten.

Marx, der spöttisch präzise Beobachtungen an den gehobenen Schichten seiner Zeit getätigt hat – etwa die Wertigkeit des Menschen gemessen am Quantum seines Geldbesitzes betreffend – und der das Anwachsen der Bedürfnisse nicht als Reichtum betrachtete, »weil es Mittel einer den Individuen fremden, entfremdeten Wesenskraft der Steigerung der kapitalistischen Produktion ist«, spricht noch ein Verdikt aus – eines gegen das bürgerliche Geflenne über die ethischen Mängel des Proletariats: »Wenn man von der Produktion ausgeht, so muss man sich um die wirklichen Produktionsbedingungen und die produktive Tätigkeit der Menschen bekümmern. Wenn man aber von der Konsumtion ausgeht, so kann man sich bei der Erklärung, dass jetzt nicht ›menschlich‹ konsumiert werde, und bei dem Postulat der ›menschlichen Konsumtion‹, der Erziehung zur wahren Konsumtion und dergleichen Phrasen beruhigen, ohne sich im Geringsten auf die wirklichen Lebensverhältnisse der Menschen und ihre Tätigkeit einzulassen« (*Die deutsche Ideologie*). Ein Zitat aus einer anderen Zeit, gewiss; vielleicht aus einer, in der die Lohnabhängigen nicht mehr zu verlieren hatten als ihre Ketten. Aber als Grundgedanke hat es Bestand: Es enthält die Abwehr aller bürgerlichen Phrasen, die unteren Schichten der Gesellschaft mögen doch statt Dosenbier und Schund im Fernsehen, statt Fastfood und Chips ein gutes Buch (womöglich Proust) zur Hand nehmen und sich einen Eintopf aus regionalem Kohlrabi zubereiten.

Empirische Studien zum Gebaren der sogenannten Eliten liefern dagegen reiches Material etwa über den Zustand von teuren Hotelzimmern, die nach ihrer Benutzung nicht selten vollgekotzt und vollgeschissen hinterlassen werden. Der jüngst erschienene Bildband über das Feiergeschehen in Ischgl von Lois Hechenblaikner (*Ischgl*, Steidl-Verlag) bietet ebenfalls einige Einblicke bezüglich der Hässlichkeiten wohlhabender Touristen. Es geht mir um die Analyse solcher Rücksichtslosigkeiten und Rohheiten, wie wir sie gerade während der Pandemie bei den Selbstgefährdung und die Gefährdung anderer in Kauf nehmenden Feiern und Riots beobachten können.

Der Ausgangspunkt bleibt die Analyse der Art des gesellschaftlichen Produzierens. Der Produktionsapparat bestimme nicht nur die Fertigkeiten, »sondern auch die individuellen Bedürfnisse« (Marcuse, *Der eindimensionaler Mensch*). Neu sei daran »die überwältigende Rationalität in diesem irrationalen Unternehmen« (ebd.); über alles hinaus, was zur Zeit von Marx konstatierbar gewesen sei, »sind die Bedürfnisse, die es potentiell längst waren, vollends zu Funktionen des Produktionsapparates geworden, nicht umgekehrt. Sie werden total gesteuert« (Adorno, »Spätkapitalismus oder Industriegesellschaft?«). Und das zwar auch, aber nicht in erster Linie durch die raffinierten Techniken der Manipulation und Werbung, sondern vor allem durch die Unhintergehbarkeit von Produktivität und Effektivität.

Die Untertanen gehen ein, werden richtig zornig, wenn nicht sogar staatsverdrossen, wenn ihnen das Shoppen, das so viel mehr und anderes ist als der bloße Erwerb nützlicher Güter – »Die Menschen erkennen sich in ihren Waren wieder; sie finden ihre Seele in ihrem Auto, ihrem Hi-fi-Empfänger, ihrem

Küchengerät« (Marcuse, *Der eindimensionale Mensch*) –, verwehrt wird; wenn ihnen das trostlose Urlauben, das misslingen muss, schon weil es als wohlverdient nach **sechs** entbehrungsreichen Monaten tituliert wird und deshalb der eine Monat den **sechs** davor zum Verwechseln ähnlich ist, untersagt ist.

Kommunistische Kritik hat stets gleichzeitig zum Gegenstand: den Skandal der Koexistenz von vorhandenen ungenutzten Produktionsmitteln und Mangel (Armut, Hunger), der ohne Kaufkraft nicht behoben wird, sowie die Reflexion über den produzierten Schrott und das falsche Freiheitsversprechen, das mit seinem Besitz einhergeht. »Das überwältigende Bedürfnis nach Produktion und Konsumtion von unnützen Dingen; das Bedürfnis nach freier Auswahl zwischen gleichwertigen Marken und nichtigem Zubehör« (ebd.), konstituiert den Konsumenten und findet im Schnäppchenjäger seine Vollendung. Der Kritik geht es um »Bedürfnisse und Befriedigungen, die ein Leben in Knechtschaft reproduzieren« (Marcuse, *Versuch über die Befreiung*), um die Feststellung, dass »die meisten der herrschenden Bedürfnisse, sich im Einklang mit der Reklame zu entspannen, zu vergnügen, zu benehmen und zu konsumieren, zu hassen und zu lieben, was andere hassen und lieben«, in die Kategorie »falscher Bedürfnisse« (Marcuse, *Der eindimensionale Mensch*) gehören.

Hermann L. Gremliza hat einen der vielen Kataloge und Hauswurfsendungen, die einen so belästigen, genauer gelesen und in **konkret 9/14** knapp kommentiert:

»Das Leben ist endlich, und doch scheint es der sogenannten Mittelklasse immer schwerer zu fallen, sich die lange Weile bis zum letzten Ende zu vertreiben. Da ist es ein großes Glück, dass es den Pro-Idee-Versand gibt, der sie an der Hand nimmt:

Endlich Kopfhörer, mit denen sich bequem einschlafen lässt,

verspricht er und

Endlich eine wirklich funktionstüchtige Notfalllampe für den Schlüsselbund.

Was hat der Mensch nur all die Jahrtausende ohne sie gemacht?

Endlich ein milbendichter Schlafsack,

verspricht Pro Idee und speziell für die Dame von Welt und Welt am Sonntag

Haarentfernung endlich schmerzfrei

sowie

Endlich seidenweiches, glänzendes Haar – Endlich: die extrabreite Küchenzange – Endlich perfekte Glastücher, bis zu 4-mal saugfähiger – Endlich ein perfektes Frühstücksmesser – Endlich: Die Feinreibe, an der nichts hängenbleibt – Endlich eine wirklich hygienische Spülbürste – Endlich ein stilvoller Doppelwandkühler – Endlich eine professionell ausgestattete Siebträger-Maschine.

Weil aber das Leben für Schönheit und Reinheit den Tag nicht füllt, gibt es auch

Endlich: das perfekte Kissen zum Lesen und Fernsehen – Endlich ein stummer Diener in stilvollem italienischen Design – Endlich Schluss mit Platzmangel im Schuhschrank. Na, endlich: Klappleitern, die zu Ihrer edlen Einrichtung passen – Endlich eine wirklich wirksame Waffe gegen lästige Obstfliegen – Endlich: der Infrarot-Heizer mit klappbarem Strahler-Arm – Endlich stilvolle Tischtuch-Gewichte.

Was jetzt noch fehlt: endlich ein Seidenstrick von Missoni, passend für jeden Hals und jeden Balken. Damit endlich eine Ruh ist.«

Und für die Herstellung solcher Produkte arbeiten Menschen, stehen früh auf und halten den Akkord ein. Millionen! – hoffend, dass ihr Arbeitsplatz ein sicherer ist, dass Kredit und Kurzarbeitergeld das Unternehmen durch die Zeit der Umsatzeinbrüche bringen; vielleicht durch Erweiterung oder Bereicherung der Produktpalette mit irgendeinem Siegel zum Thema »fair« oder »nachhaltig«, damit auch die armseligen Kreaturen der Gattung »kritischer Konsument«, diese Konformisten des besonnenen Kaufens und Verkaufens, den angebotenen Schrott goutieren.

Die unschlagbare Produktivität und Effektivität der Ökonomie der kapitalistischen Zentren erzeugt allerdings mehr als nur die Sehnsüchte nach Konsum, Vergnügen und Zerstreuung. Die technologische Rationalität und Effizienz wird moralische Instanz. »Offenbar hat Schuldgefühl im Reich des glücklichen Bewusstseins keine Stätte« (Marcuse, *Der eindimensionale Mensch*). Das glückliche Bewusstsein der Funktionierenden, den Anforderungen Gewachsenen, der nur ihre Pflicht Erfüllenden, ist ohne Schuldgefühl. Die Gleichgültigkeit gegenüber dem Zustand der Welt setzt sich fort in der Gleichgültigkeit gegenüber den Alten, Vorerkrankten, Behinderten und Zufallsopfern der Pandemie. Diese Produktionsweise, die mit all der Geschwindigkeit und Pünktlichkeit im Bereich der Reproduktion einhergeht (weshalb jeder schlechte Kabarettist sich mit seinem Publikum vereint weiß, wenn er darüber sich echauffiert, dass die Bahn mal wieder den Fahrplan nicht eingehalten hat), macht die Empathieunfähigkeit mit den in Hotspots oder sozialen Brennpunkten, Knästen, Pflegeheimen oder Erntehelferquartieren Lebenden erst aus.

Der Soziologe Oliver Nachtwey, mit dem ich politisch nicht übereinstimme, unter anderem, weil er die Zeit vor dem Neoliberalismus romantisiert, hat in seinem Buch *Die Abstiegsgesellschaft* wahrheitsgetreu geschildert, wie niederträchtig Stammbelegschaften mit Leiharbeitern umgehen. In der gesamten Literatur über das Modethema »Neue Klassenpolitik« hingegen laufen nur bewundernswerte, solidarische, in den kleinen Auseinandersetzungen des Alltags engagierte Lohnabhängige durchs Bild. Die Sehnsucht nach Versöhnung mit den lohnabhängigen Deutschen scheint mir oft die Autoren mehr zu motivieren als die Behauptung, sich nun mal ins Getümmel des Klassenkampfs stürzen zu wollen.

Großen Teilen der Gesellschaft ist – auch wenn nur eine Minderheit den Slogan postulieren dürfte – die »No risk, no fun«-Mentalität eigen. Das meint nicht nur jene, die, sagen wir, illegale Autorennen veranstalten – eine der zahlreichen Disziplinen für jene, die nur noch fühlen, wenn sie den eigenen Tod und den Unbeteiligter riskieren –, sondern auch diejenigen, denen nichts auffällt, wenn zum tausendsten Mal gesagt wird, eine gewisse, vom Gesundheitssystem beherrschbare Zahl an Toten müssen »wir« in Kauf nehmen, wie wir die Verkehrstoten ja als Preis für die Annehmlichkeiten des Individualverkehrs auch zu akzeptieren gelernt hätten.

Dieses Beispiel wird geradezu partei- und politikübergreifend benutzt. Gauland und Ramelow fanden es gleichermaßen plausibel. Ich akzeptiere hiervon nichts. Wenn es nach mir ginge, und diese Formulierung verweist wie immer auf etwas Unrealistisches, wäre gesetzlich verpflichtend in die Autos eingebaut, dass sie höchstens noch halb so schnell fahren könnten wie jetzt. Noch lieber verzichtete ich natürlich auf den Individualverkehr, da bin ich Lebensretter gegen jeden gesellschaftlichen Konsens. Auch nehme ich die vielen Grippetoten nicht als nun einmal gegeben hin. Ihr instrumenteller Missbrauch zur Bagatellisierung der Corona-Toten ist offensichtlich.[2]

---

2 Nach meinem Vortrag hat Richard Schuberth im »Tagebuch« Nummer 2/21 hierzu Kluges bemerkt: »Der Tod durch die vertraute, längst ins Alltagsbewusstsein eingemeindete Grippe wurde zur Referenz für die Verharmlosung von Sars-CoV-2. Schicksalsergeben akzeptierte man Übersterblichkeit also schon vor Corona als Tribut an die Natur. Denn die Pest werde schon nicht schlimmer sein als die gute alte Cholera, so schien sich solch sozialdarwinistisch verrohtes Bewusstsein zu beruhigen ... Nie wird sich eruieren lassen, wie viele Grippetode sich hätten vermeiden lassen, wenn der Gesundheitssektor nicht seine neoliberale Transformation erfahren hätte (...), oder aber konkret (durch) die Verweigerung der teuren Vierfach-Vakzine, die einen besseren Schutz gegen die mutierten Influenza-Stämme hätten bieten können als die von den Krankenkassen finanzierten Impfstoffe ... Ihr könnt nicht ewig leben, prahlen die Abgeklärten mit ihrer Abgeklärtheit und vergessen dabei, dass Reiche um eine winzige Spur ewiger leben können als Arme.«

»Wir können wahre und falsche Bedürfnisse unterscheiden«, verficht Herbert Marcuse, und Adorno fügt sogar das immer etwas gefährliche Attribut ihrer Objektivierbarkeit hinzu: »Objektiv richtige und falsche Bedürfnisse ließen recht wohl sich unterscheiden. In den Bedürfnissen steckt zum Guten und Schlechten immer schon die gesamte Gesellschaft« (»Spätkapitalismus oder Industriegesellschaft?«). Hier betreten wir ein Feld der Diskussion, wo solche Linken, die sich für Materialisten halten und denen die Kategorie des materiellen Interesses alles ist, meine Positionierung als moralisch abqualifizieren. Ich halte nichts von der Denunziation normativer Argumente. Ich sehe eher eine unnötige Angst bei Autoren, die ich schätze, als »moralisch« abgetan zu werden. So ein lesenswertes Buch wie *Neben uns die Sintflut* von Stephan Lessenich müht sich mit aller Kraft, die Ablehnung der Verwüstung in den Armutsregionen mit dem Interesse der Bewohner der relativen Wohlstandsregionen zu begründen; weil die Einschläge näher kämen, weil die Verwüstungen globale Auswirkungen hätten und nicht regional begrenzbar seien. Die Argumente sind zutreffend und unnötig zugleich. Sie provozieren die Gegenfrage, ob das geschilderte Leid irgendwie erträglicher wäre, ließe es sich regional begrenzen.

Marx arbeitet mit den gegensätzlichen Begriffen »partikulares Interesse«, womit Lohnhöhe und Länge des Arbeitstages gemeint sind, versus »enormes Bewusstsein«, das überschüssige, unter der Kapitalherrschaft nicht realisierbare Sehnsüchte umfasst.

Ein schlichter, von mir konstruierter Satz ist wahr und ungeglaubt von einer überwältigenden Mehrheit: Wieviel unbeschwerter, sorgloser, glücklicher wäre ein Leben im Wissen, dass kein Mensch auf der Welt unbehaust, hungrig, unbekleidet und medizinisch unversorgt leben muss. Sollte es je eine befreite Gesellschaft geben, so werden die frei assoziierten Produzenten der reichen Weltgegenden ein Quantum gesellschaftlich notwendiger Arbeit verausgaben, das nicht ihnen zugute kommt, sondern denen »geschenkt« wird, deren Unterversorgung so viele Jahre planmäßig organisiert und geduldet wurde. Wahrscheinlich eine moralische Aussage. Na und? Meinetwegen.

Was »richtige« Bedürfnisse sind? Dafür gibt es eben keinen Katalog wie bei Steuerreformen oder der Aufstellung eines Investitionsprogramms, sondern nur Annäherungen. In seiner optimistischsten Schrift, für seine Verhältnisse geradezu vom Aufbruch um '68 euphorisiert, sah Herbert Marcuse weltweit ein minoritäres Milieu, einen Organismus, wie er es nannte, heranwachsen, »der die Aggressivität, Brutalität und Hässlichkeit der etablierten Lebensweise nicht länger zu ertragen vermag« (*Versuch über die Befreiung*). Das von der Hoffnung auf ein befriedetes Dasein getragene Nachdenken erfordere die »Absage an alle Härte, Kumpanei und Brutalität; Ungehorsam gegenüber der Tyrannei der Mehrheit; das Eingeständnis von Angst und Schwäche (die vernünftigste Reaktion gegenüber dieser Gesellschaft!); eine empfindliche Intelligenz, die Ekel empfindet angesichts dessen, was verübt wird« (*Der eindimensionale Mensch*).

Die Legitimität des Eingeständnisses von Angst und Schwäche scheint mir heute von zentraler Bedeutung. Es laufen mir zu viele Kraftprotze durchs Bild, sogar durch **konkret**. Stefan Ripplinger merkt in **konkret 7/20** naserümpfend an: »Unsere Linken hatten Angst«, so was von unbegründet und sogar immer noch, als »sich die Panikmache von Presse und Politik bereits an den offiziellen Statistiken desavouiert hatte«. So phantasierte mancher im Sommer, als warnende Stimmen die Lockerungen als Vorboten einer großen zweiten Welle der Pandemie erkannten. Jedenfalls habe das »Vakuum, das die Linke gelassen hat«, erst rechten Kräften Einfluss auf die Hygiene-Demos ermöglicht: »Aber heißt das, dass die Linke sich zu Recht zurückzog?« So war der komplett furchtlose Stefan Ripplinger ganz allein beziehungsweise fand in ganz Berlin nur noch Peter Nowak, um die »Jobberin, die aufgrund der Maßnahmen ihre Arbeit verliert«, von der Ungefährlichkeit des längst abklingenden Virus zu überzeugen.

Sogenannte Tapferkeit, die, sagen wir, einer Kellnerin rät, empört zu sein, dass sie nicht kellnern darf, statt sich für erträgliche Alimentation einzusetzen, greift an, was eigentlich das Denken von Linken prägen sollte: »Was anders wäre, ist namenlos, und was heute etwa dafür einsteht, Solidarität, Zartheit, Rücksicht, Bedacht, hat mit der Freiheit der gegenwärtig Freien nur geringe Ähnlichkeit« (Adorno, »Reflexionen zur Klassentheorie«).

Die Kritik der Bedürfnisse ist sich ihrer sicher und gesteht sich zugleich ein fast unauflösbares Dilemma ein. Die Sicherheit bezieht sich auf ein völlig anderes System der Bedürfnisse in einer klassenlosen Gesellschaft unter bestimmten Maximen. Aber: »Auf die Frage, ob die kapitalistische Gesellschaft dieses ›enorme Bewusstsein‹ tatsächlich hervorbringt, (...) gab die Geschichte bisher keine Antwort« (Ágnes Heller, *Theorie der Bedürfnisse bei Marx*). Das kaum lösbare Problem hat Marcuse niemals geleugnet. »Das ist der Circulus vitiosus: Der Bruch mit dem automatisch sich vorwärtsbewegenden konservativen Kontinuum der Bedürfnisse muss der Revolution vorangehen, die in eine freie Gesellschaft einmünden soll; aber ein solcher Bruch kann selbst nur im Verlauf einer Revolution ins Auge gefasst werden – in einer Revolution, die von dem vitalen Bedürfnis gelenkt würde, vom verwalteten Komfort und der destruktiven Produktivität (...) befreit zu werden« (*Versuch über die Befreiung*). Es mutet seltsam unrealistisch, ja praxisfern an, heute das Wort Revolution zu zitieren, das weiß ich. Seltsam, dass jene, die von linker Hegemonie schwadronieren, dieses Problem nicht haben. Ihnen ist das Spinnen wohl erlaubt.

Letztlich, jenseits aller Fragen nach Erfolgsaussichten, sind unsere Argumente, mit denen wir heute intervenieren, mitbestimmt von dem, was wir als befriedete Gesellschaft denken. Es kann keinen menschheitsgeschichtlichen Traum geben, der der Verewigung der heutigen Form der Arbeit nicht widerspräche. »In der Räterepublik müssen nicht alle Räder laufen«, formuliert Adorno die Maxime der produktiven Unterlegenheit eines Gesellschaftssystems, das die Angst vor Armut durch Arbeitslosigkeit beseitigt hat. Und dann, ganz gegen seine spätere Usance, nie ins Optimistische abzugleiten, steckt fast schon Zuversicht in seinem Wörtchen »rasch«: »Wenn es einmal kein Monopol mehr gibt, wird es sich rasch genug zeigen, dass die Massen den Schund, den die Kulturmonopole, und die jämmerliche Erstklassigkeit, die die praktischen ihnen liefern, nicht ›brauchen‹.« Und wenn er schon mal dabei ist, mit dem Rotstift zu hantieren, dann fallen seine Striche kräftig aus: »Es ist nicht einzusehen, warum in einer klassenlosen Gesellschaft der ganze Kulturbetrieb von heutzutage weitergehen soll. Wohl ist es eine Absurdität, dass die kapitalistische Krise Produktionsmittel vernichtet, die dem Bedürfnis dienen, aber die Vorstellung, dass in der klassenlosen Gesellschaft in weitem Maß Kino und Radio stillgelegt werden, (...) wird dadurch keineswegs zu einer absurden« (Adorno, »Thesen über Bedürfnis«). Solche Gedanken sind für mich wie Balsam, sie lindern meine ätzende Langeweile, die mich befällt, wenn ich die so facetten- wie zahlreichen konstruktiven Umbauprogramme lese, wenn allen Beschäftigten (zum Beispiel im Buch *Corona, Krise, Kapital*) der Rüstungs- und Autoindustrie, des gesamten Finanzwesens und so weiter versprochen wird, sie könnten weiterarbeiten, nur eben Sinnvolles produzieren. Das ist jener illusionäre Realismus, der die Vorstellung vom ganz Anderen weitgehend erledigt: »Auf dem Wasser liegen (...), ›sein, sonst nichts, ohne alle weitere Bestimmung und Erfüllung‹, könnte an Stelle von Prozess, Tun, Erfüllung treten«, heißt es in »Sur l'eau«, meiner allerliebsten Reflexion aus Adornos *Minima Moralia*. Es geht immer wieder um den Sieg der Lebenstriebe, um die menschenfreundlichste Haltung, das Leben und das gute Leben gegen alle historische Mission und Opferbereitschaft zu verteidigen. »Nicht das Erschlaffen der Menschheit im Wohlleben ist zu fürchten, sondern die wüste Erweiterung des in Allnatur vermummten Gesellschaftlichen, Kollektivität als blinde Wut des Machens.«

Und was wie Zukunftsmusik klingt, aber bereits gegenwärtig von Relevanz ist – jedenfalls für unsere Haltung –, ist die Parteinahme für jene, die nicht stark sind, innovativ, mit beiden Beinen im Leben stehen – strotzend auch vor Zuversicht, Corona werde an ihrem eisernen Naturell schon abprallen. Es ist der Bruch mit der Geschichte linken Sozialdarwinismus und linker Eugenik, die von Peter Bierl so faktenreich erforscht wurde.

Die Weigerung, Recke oder Held der Arbeit zu sein, war übrigens noch vor gut 50 Jahren jedenfalls partiell in der Welt. Man kann in *Der neue Geist des Kapitalismus* von Boltanski und Chiapello nachlesen, wie es den französischen Unternehmerverbänden nach ’68 ein höchst reales, auf die Realisierung von Profit negativ durchschlagendes Problem war, dass Teile des jüngeren Proletariats Unpünktlichkeit, Abwesenheit, Desinteresse an der Qualität der Waren als dem Getriebe feindliche Grundhaltungen zelebrierten. Ohne diese Unbotmäßigkeit ist Emanzipation undenkbar. »Die Auflösung der gesellschaftlichen Moral kann sich in einem Zusammenbruch der Arbeitsdisziplin bekunden, im Bummeln, in zunehmendem Ungehorsam gegenüber Regeln und Vorschriften, in wilden Streiks, Boykotts und Akten willkürlicher Unbotmäßigkeit« (Marcuse, *Versuch über die Befreiung*). Diese Unbotmäßigkeit verhält sich antagonistisch zu jener, die die Regierung kritisch befragt, ob zuviel Arbeit und Vergnügen unterbunden wurden.

Ganz pragmatisch, weit weg von allen utopischen Debatten gilt dennoch, ob ich das mit einem »leider« schmücke oder eben nicht, dass unter den gegebenen Verhältnissen, im Stande der Unfreiheit also, die Reglementierung der Bedürfnisse ihrer Freigabe vorzuziehen ist.

Das Pathogene und das Normale

Ich habe viel gelesen – Beschreibendes, Enthüllendes – über das Milieu der Hygiene-Demonstranten, also derer, die das Virus entweder auf eine geplante Machenschaft von Bill Gates oder George Soros oder wem auch immer zurückführen und / oder seine Gefährlichkeit bestreiten, was zwar ein Widerspruch, aber zugleich ihr kleinster gemeinsamer Nenner ist. Für die Recherche wichtig schien mir auch, diese dumme, erfolgreiche Frechheit eines Ken

Jebsen im Original zu studieren oder die Spezialausgabe des »Compact«-Magazins zu Corona zur Kenntnis zu nehmen.

Dank derer, die da recherchiert haben, kennt man einigermaßen die Namen, Organisationen, Spielarten, Spezialmacken, Verflechtungen der verschiedenen Sektoren des Wahns – von den ihre Verrentung offenbar nicht verkraftenden Medizinern und Politikern wie etwa Wolfgang Wodarg über die notorischen Impfgegner, die schon immer kämpferische Antisemiten waren und nur ein neues auswechselbares Betätigungsfeld gefunden haben, und die offenen Nazis bis zu den QAnon-Leuten, die jeden Bezug zur Realität verloren haben.

Alle Enthüllungen und Darstellungen der jeweiligen Ideologie sind wertvoll und belehren mich. Das gilt auch für die Gegendemonstrationen in ihrer aufklärerischen, antifaschistischen Funktion. Es ist beunruhigend, die Klickzahlen, die die Anhängerschaft des Irrationalen erzielt, zur Kenntnis zu nehmen. Es beruhigt mich nicht, dass sie eine Minderheit sind, und es beruhigt mich auch nicht, dass sie so disparat in ihren Auffassungen sind, dass sie keine gemeinsame Politik machen können, wie oftmals geschrieben wurde. Isoliertes, Wirres, Ohnmächtiges kann im Verlauf der Geschichte »als vernünftig verifiziert« werden und »trotz ihrer Absurdität zur Herrschaft gelangen«. Die Geschichte des Aufstiegs der NSDAP, die so viele Zerstörer der Vernunft und irrlichternde Gestalten in ihren Bann gezogen hat, beweist das. Da waren Anhänger von Astrologie und Wahrsagerei unterwegs, und dann wurde im Rassenwahn der Schlüssel zu den Massen gefunden, weil ebender Antisemitismus »es der Majorität erlaubt, sich als Elite zu fühlen und für die Ahnung ihrer Ohnmacht und Inferiorität an einer potentiell wehrlosen Minorität sich zu rächen« (Adorno, »Meinung Wahn Gesellschaft«).

Gerade das irrational Verbohrte dieses Milieus, der unzugängliche und undiskutierbare Stolz auf eine Meinung, die vermeintlich Bescheid weiß und durchschaut, was anderen verborgen ist, macht es zum sektenhaften mit Wachstumspotential. Seine Liaison mit dem faschistischen Milieu betrachte ich als unauflösbar, sie liegt in der Sache selbst. Diese Versammlungen sind einerseits verpönt, es gab ja tatsächlich zahllose Artikel und Fernsehbeiträge gegen sie, und andererseits latent angesehen, als von mehrheitlich normalen, besorgten, auf dem Grundgesetz stehenden Demonstranten besuchte Veranstaltungen. Seit geraumer Zeit erhalten ihre Thesen durchaus Zuspruch von »Bild« und »Welt«, dem Eliteorgan von Springer. Man müsse sie, so die Botschaft, in die Pflicht nehmen, sich von offenen Nazis, vom Sturm auf den Reichstag, von bestimmten Fahnen und von Gewalt zu distanzieren. Genau nach diesem Muster wurde der Chef der »Querdenker« im langen Interview im Deutschlandfunk gelöchert und hofiert zugleich, hofiert wie etwa der typische »gemäßigte« AfDler in Talkshows, dessen eigene Bestialitäten gar nicht mehr zur Debatte stehen, sondern seine anerkannte Autorität als Kämpfer gegen zu große Zumutungen.

Ich wiederhole: Alle Autoren, die gegen diese Verharmlosung anschreiben, halte ich für verdienstvoll, auch weil diese Szene Mörderisches hervorbringen wird. Sie muss beobachtet werden, weil, wie wir wissen, die Staatsorgane das nicht können und wollen.

Die Aufsätze und Broschüren, auch jene, die sich allgemein mit Verschwörungstheorien beschäftigen, wie etwa das kleine Grundlagenwerk der Amadeu-Antonio-Stiftung, haben ein großes Vorbild: Die Studie *Falsche Propheten* aus dem Jahr 1948, in der Leo Löwenthal die Argumentationsmuster der autoritären Agitatoren in den USA akribisch durchleuchtet und entschlüsselt. Sie ist großartig, scharfsinnig und natürlich auch literarisch ein Genuss. Ich empfehle die Lektüre und betone dennoch, dass sie einen Mangel hat. Kein einziges Kapitel, kein längerer Abschnitt ist dem Rassismus der weißen Agitatoren und ihrer Gemeinde gewidmet, obwohl das ja eine tragende Säule ihrer Ideologie war. Löwenthal hat in dieser Schrift, wenn nicht komplett, so doch zu sehr zu seinem Maßstab gemacht, was die offizielle Politik, was das Etablierte in den Vereinigten Staaten verkörpert. Und er schreibt eben 1948, also vor der Bürgerrechtsbewegung und ihren brüchigen Erfolgen. Dieser Makel haftet vielen Texten und Broschüren in unterschiedlicher Ausprägung an. Damit werden sie nicht wertlos, aber doch latent zum Mainstream.

Die Kritische Theorie der Gesellschaft geht, um das kurz zu sagen, von zwei Prämissen aus. Erstens: Die Prognose der Aufklärung, die Vernunft werde siegen, wenn nur alle Standpunkte ungehindert und unzensiert artikulierbar sind und die Fremdbestimmung durch Religion, der schicksalhafte Glaube, in Gottes Hand und der seiner irdischen Vertreter zu sein, überwunden ist, erweist sich als falsch. Das zeige sich »drastisch daran, dass, in krassem Widerspruch zu der offiziellen Unterstellung einer vernünftigen Gesellschaft von Vernünftigen, grundlose und unsinnige Vorstellungen jeglichen Schlages keineswegs die Ausnahme, keineswegs im Abnehmen sind« (Adorno, »Meinung Wahn Gesellschaft«).

Wenn es um das scheinbar Harmlose geht, bebildert Adorno das oft mit dem Glauben an die Astrologie oder daran, dass an den Horoskopen schon etwas dran sei. Das Irrationale, das verschiedene Formen annimmt, war immer vorhanden, aber wenn es sich nicht unmittelbar politisiert, wenn es in Sekten und Büchern und Ansichten existiert, wenn also zum Beispiel die große Fülle an esoterisch-lebensberatender Literatur von ihren Konsumenten auf praktische Lebenshilfe, auf die Erkenntnis, dass man an sich glauben und skrupellos vorankommen müsse, reduziert wird, dann ist das eben Privatmeinung, vielleicht auch Spleen. Es stört jedenfalls nicht und darf die Talkshows bevölkern. Das sei eben von einem subjektiven Standpunkt formuliert, vielleicht ja auch dem Individuum hilfreich, auch »okkulten Tatsachen könne man abwartend, beobachtend, vorurteilslos sich nähern«. Nur irgendwie verbissene, selbst nicht souveräne Linke maßen sich an, den »Schwindel von der Schwelle fortzuweisen« (ebd.). So ungefähr beurteilt und fühlt der aufgeklärte Positivist, wenn er Nina Hagen im Fernsehen sieht oder eine Kollegin den Dalai Lama im Stadion besucht oder zu irgendeinem obskuren Wochenendseminar aufbricht.

Aber periodisch bricht das »harmlos Private« ins unübersehbar Politische durch, ist für diese Möglichkeit auf dem Sprung: »Die Überzeugung, Rationalität sei das Normale, ist falsch. Unterm Bann der zähen Irrationalität des Ganzen ist normal auch die Irrationalität der Menschen. Sie und die Zweckrationalität ihres praktischen Handelns klaffen weit auseinander, aber Irrationalität ist stets auf dem Sprung, auch diese Zweckrationalität, im politischen Verhalten, zu überfluten« (ebd.). Wir kennen das: Der funktionierende, im Berufsleben normal erscheinende Mann, der plötzlich überbordend irrsinnig wird, wenn es um private Weltanschauungen geht. Zeugen eines solchen Phänomens werden wir gerade.

Selbstverständlich liegt die Einschätzung, was als normal, was als legitim und was als pathogen und krankhaft-irre zu gelten hat, bei der Macht. Deshalb imaginieren sich ja die Durchgeknallten immer als zukünftige Machthaber und wissen oft und präzise, wen sie wie mundtot machen, einknasten, an den Galgen hängen werden und so weiter.

Nicht selten ist ein Übergang, eine Art Ambivalenz zu beobachten, wenn ein Teil der offiziellen Welt das Irrationale sich zu eigen macht. Zur Bebilderung wäre der Kreationismus wohl geeignet. Mit dem Aufstieg der Evangelikalen ist die Feindschaft zur Evolutionstheorie in entsprechenden Weltgegenden enorm gewachsen, und wir sehen ein ständiges Ringen darum, ob der sogenannte wissenschaftliche Kreationismus nicht wenigstens gleichberechtigt in die Lehrpläne des Biologieunterrichts einbezogen werden sollte. In den USA befürwortet eine Mehrheit – und sie tut es im Namen der Toleranz – diese Gleichberechtigung von Wahn und Wahrheit im schulischen Alltag. Andernorts sind Kreationisten Staatschefs, da wird gelehrt, dass Lebewesen seit Anbeginn der Zeit in ihrer heutigen Form existieren, nachdem Gott mit Lehm geknetet hat.

Zweitens: Wie durch das Beispiel schon angedeutet, ist in der real existierenden Gesellschaft, die einen »Zustand permanenter Regression der Subjekte produziert und reproduziert« (ebd.), die strikte Unterscheidung von pathogener und irgendwie öffentlicher oder normaler Meinung irreführend. »Soll der Widerstand dagegen (gegen das Pathogene, T. E.) nicht von Anbeginn zur Harmlosigkeit und Hilflosigkeit verurteilt sein, so ist die Tendenz zur pathischen Meinung aus der normalen herauszulesen« (ebd).

Das klassische Beispiel dafür, dass die »normalen« Meinungen derer, die sich selbst für die Verkörperung von Maß und Mitte halten, also für besonnen und ausgestattet mit gesundem Menschenverstand, dennoch den Wahn enthalten, ist die Zuneigung zur eigenen Nation. »Gesundes Nationalgefühl vom pathischen Nationalismus zu scheiden, ist so ideologisch wie der Glaube an die normale Meinung gegenüber der pathogenen; unaufhaltsam ist die Dynamik des angeblich gesunden Nationalgefühls zum überwertigen« (ebd.). Und das heißt schon, wenn ich das mal brachial herunterbrechen darf, dass man sich mit Leuten, denen ein Schauer der Rührung durch die Glieder fährt, wenn sie ein Fahnenmeer in Schwarz-Rot-Gold sehen, nicht gemeinsam empören kann, wenn die Fahnen schwarz-weiß-rot gestreift sind.

Immer steckt das Pathogene im Normalen. Die alten Götter, der alte Gott, dessen Ratschlüsse so unergründlich sind, dass die Menschen sich ihnen schicksalsergeben beugen müssen, finden Ersatz in einem neuen, dem wir sündigen Schäfchen nicht ins Handwerk pfuschen dürfen: »Wir wollen nicht klüger sein als der Markt«, verkündeten einst Tony Blair und Gerhard Schröder gemeinsam, zwei hochangesehene Normale, die den Markt an Gottes Stelle treten lassen.

Das Pathogene im Normalen zu erkennen, gehört zu den wichtigsten Elementen der Gesellschaftskritik: Als verrückt, abnorm, gefährlich gelten gewiss jene, die an diesen privaten Autorennen teilnehmen, weil sie zu dem nicht ganz so kleinen Ausschnitt der Gesellschaft gehören, der sich nur noch lebendig fühlen kann, wenn er sich und andere in Lebensgefahr bringt. Das hat viele Spielarten. Wer sich einigermaßen oder wenigstens halbwegs an die Straßenverkehrsordnung hält, also Vollgas nur auf der Autobahn gibt, fährt eben »sportlich« und ist komplett normal. Wer mit Beobachtungsgabe ausgestattet ist, braucht sich nur auf ein so kurzes Stück Autobahn wie das zwischen Hamburg und Bremen zu begeben, um all das Gehupe und Lichtgehupe, das drohende Auffahren und Rechtsüberholen zu sehen und das getreue Nachbild der Konkurrenz im Berufsleben zu assoziieren.

Noch etwas ganz Normales: Die Gesellschaft räumt bekanntlich dem Einzelnen nicht ein, sagen wir nach einem Trauerfall, über einen längeren Zeitraum nicht zu funktionieren. Das ist gesetzlich geregelt. Vor einigen Jahren waren die beiden Formel-1-Idole, die Brüder Ralf und Michael Schumacher, mit dem Tod ihrer Mutter konfrontiert. Sie flogen kurz an den Ort ihrer Kindheit, absolvierten die stereotypen Rituale, flogen zurück an die Rennstrecke und absolvierten ein – wie die Sportreporter berichteten – großartiges und tollkühnes Rennen um den Sieg. Das Leben muss ja weitergehen. Und das ist – mit etwas längerer Karenz, als die Schumachers es sich zubilligten – überall so geregelt. Das Nichts, das schon im Leben seine jederzeitige Ersetzbarkeit ahnt, wird feierlich verscharrt, und man geht wieder zur Arbeit.

Dieses Prinzip gilt für alle Erschütterungen – eine Lesung, einen Theaterbesuch und so weiter –, die situative Ergriffenheit, das spontan sich einstellende Gefühl, morgen nicht zur Arbeit gehen zu können, muss spätestens auf dem Heimweg in Erbauung transformiert, also produktiv gemacht werden. Die Psychoanalyse hat einen nicht unwesentlichen Ursprung in der Behandlung traumatisierter Soldaten mit dem Ziel, sie für die Front wieder fit zu machen und alle Betreuungen, die heute Burnouts oder psychischen Problemen zuteil werden, werden ebenfalls nicht als Protestation gegen die Zumutungen, sagen wir: des Arbeitslebens gesehen, sondern man werkelt am Ziel der Wiedereingliederung ins Getriebe. Ich deute hier eine Kritik des Gesundheitswesens an, die über die (zutreffende) Kritik an Fallpauschalen, am Kaputtsparen und der unzureichenden Anzahl von Intensivbetten hinausgeht.

Was steht sich nun – ich verenge den Blick auf die Pandemie und erlaube mir Vergröberung – in der Gesellschaft gegenüber?

1. Ein großes Segment, das der Herrschaft vertraut, das will, dass es so wie angeordnet gemacht wird – ordentlich und geregelt –, hofft, fürsorglich regiert und dieser Fürsorge folgend, auf die Wiederkehr der Normalität. Es schmiegt sich der Macht an, heißt jede Lockerung und jede Restriktion gut, weil sie angeordnet sind. Natürlich ist das auch der Menschenschlag, der bei Wind und unüberdachtem Bahnsteig mich, den Rauchenden, zornig und gesetzestreu in das gelbe Quadrat kommandiert. Nichts liegt diesen Repräsen-

tanten des gesunden Menschenverstands, den Vernünftigen, ferner als etwa Marcuses Definition, die einzige Rationalität stecke in »der Weigerung mitzumachen und dem Bemühen, die den Wahnsinn hervorbringenden Bedingungen zu beseitigen«.

2. Das zweite Lager stellt den Regierenden ebenfalls im großen und ganzen recht gute Noten aus. Es weiß, dass man heute durch privates Verhalten allerlei Gesetze und Verordnungen individuell interpretieren, ein wenig außer Kraft setzen, ignorieren kann. Alltagspraktisch und auch der Gesinnung nach – aber ohne jede Vehemenz oder gar »Fanatismus« – leben sie ignorant und drücken etwas in Richtung Lockerungen. Würden die Maßnahmen noch einmal restriktiver und beträfen sie sogar Geschäfte, Restaurants, Reisebüros, Kulturveranstalter und ähnliches, würden sie mutmaßlich latent zorniger (wie man in einigen Ländern bereits sehen kann). Sie zu verlieren, ist die Sorge der etablierten Politik. Sie für die Akzeptanz einer gewissen Zahl von Corona-Toten zu benutzen, verspricht der etablierten Politik Vorteile. Ohne zu behaupten, ich könne in die Zukunft schauen, halte ich dieses Lager der versachlichten Akzeptanz des Sterbens am Virus für das zukunftsträchtigste, sollten sich die Infektionen entwickeln wie heute etwa in Frankreich.

3. Das schon kurz beschriebene Milieu des Wahns. Entscheidend ist in diesem Zusammenhang, dass es im Kern nur eine (selbst okkulte und faschistoide) Zu- oder Überspitzung des Liberalismus darstellt. Diesem sind – entgegen allen modischen Behauptungen, die ihn als den eigentlichen Widerpart des Faschismus betrachten, also als Statthalter von Lebensfreude und Genuss zeichnen – Opfer für Wirtschaft und Standort keineswegs fremd. Das Überlaufen zahlreicher prominenter Liberaler zum Faschismus beziehungsweise zum Nationalsozialismus bildet ja einen Teil des Gegenstands der Reflexionen der Kritischen Theorie, um den Zulauf aus dem Bürgertum zu verstehen.

Ob diese Überspitzung, dieses »FDP plus«, Zulauf über das heutige Maß hinaus haben kann, weiß ich zum jetzigen Zeitpunkt nicht. Das hängt auch davon ab, inwieweit die FDP und, sagen wir, der Wirtschaftsflügel der CDU selbst ein mörderisches Lockerungslager aufbauen, das allerdings ohne Aluhut und ähnliche Absurditäten auskommt. Es hängt auch vom weiteren Verlauf der Infektionszahlen und dem Fortgang der Staatsmaßnahmen ab. Aber hier liegt ein Potential, das sich entfalten kann.

4. Weniger ein gesellschaftliches Lager in Deutschland, eher ein kleines Rinnsal, aber in England, Spanien, Frankreich durchaus vorhanden und durch einige Gewerkschaften repräsentiert, steht für Verweigerung – etwa

individuell durch Attest – der Rückkehr an den Arbeitsplatz unter Verweis auf keineswegs erkundete und beseitigte Gefahren. Ich stehe dieser kleinen Gruppe am relativ nächsten, und dafür muss ich nicht verschweigen, dass auch hier manche Skurrilität, auch übertriebene Panik, die im Mitmenschen nur noch den Virusträger erblickt und die Gefahr durch individuellen Übereifer bannen will, anzutreffen ist.

Adorno hat Pathogenität in ein schönes Beispiel verpackt:

»Sicherlich ist die Meinung der Närrin, die ihr Bett im Schlafzimmer anders aufstellen lässt, um sich vor der Gefahr bösartiger Strahlungen zu schützen, pathogen. Aber die Gefahr von Strahlen in der atomverseuchten Welt ist so angewachsen, dass ihre Sorge nachträglich von derselben Vernunft honoriert wird, der ihr psychotischer Charakter sich entzieht. Die objektive Welt nähert sich dem Bild, das der Verfolgungswahn von ihr entwirft« (Adorno, »Meinung Wahn Gesellschaft«). Arme Verwirrte, die man trösten möchte – um auch das noch zu konzedieren, weil es auf die politische Bewertung keinen Einfluss hat –, gibt es selbstverständlich auch im Lager der Hygiene-Demonstranten.

Als treuer Anhänger des Rationalen, sogar als Verteidiger von Wissenschaft und Positivismus, sobald diese von der Anti-Aufklärung unter Feuer genommen werden, neige ich dennoch der Auffassung zu, man müsse, wie Herbert Marcuse schreibt, »vermuten, dass in der Gesellschaft das Rationale eher als das Irrationale zum wirksamsten Vehikel der Mystifizierung wird« (*Der eindimensionale Mensch*). Unter diesem Gesichtspunkt ein paar Anmerkungen zu den die deutsche Herrschaft (und mich) informierenden und beratenden Virologen. Sie sind Experten, man könnte sagen, rationale Ratgeber, wie Katastrophen minimiert und bearbeitet werden. Und ob sie das explizit machen oder nicht, sie sind zugleich Propagandisten, Unterworfene der bestehenden Wirtschaftsweise und des Paradigmas, dass man die Wirtschaft eben nicht schädigen dürfe und dass einer Rezession der baldige Aufschwung zu folgen habe. Hendrik Streeck verkörpert das besonders demonstrativ. Er ist eher Politiker als Virologe, er ist eher Propagandist des Ertragens einer großen Zahl schwerkranker und sterbender Menschen. Aber alle sind unzuständig für allerlei soziale Fragen der Klassengesellschaft, und sie ähneln jenen kenntnisreichen Experten, die zum Beispiel Atomkraftwerke sicherer machen wollen.

Eher gilt es zu würdigen, dass der eingangs erwähnte Rob Wallace diesen Berufsstand verlassen hat, weil er – wissenschaftlich – zu der Erkenntnis gelangte, dass dessen Expertentum auch Donquichotterie enthält, beschränkt ist, solange die Landnahme durch industrielle Agrarwirtschaft Pandemien weiterhin produziert. Die Dimension zukünftiger Pandemien kann ich nicht bestimmen, und nach allem, was ich zu wissen glaube, wird der Klimawandel die größeren Verwüstungen anrichten. Die wissenschaftlichen Berater des Green New Deal füllen übrigens eine ähnliche Rolle wie besagte Virologen aus, indem sie technische Lösungen und nie eine grundlegend andere Produktionsweise propagieren.

Ein kluges kleines Buch, das den Titel *Die Befreiung der Natur. Zum Verhältnis von Natur und Freiheit bei Herbert Marcuse* (Papyrossa-Verlag) trägt, rekonstruiert, wie früh, und ohne die heutige Dramatik der ökologischen Probleme kennen zu können, der gesellschaftskritische Philosoph, fernab jeder Technik- und Wissenschaftsfeindschaft, jedem rückwärtsgewandten Ideal des Einordnens in ewige Kreisläufe spottend, entwickelt hat, dass eine der Emanzipation verpflichtete Wissenschaft »zu wesentlich anderen Begriffen der Natur gelangen« müsse. »In scharfem Gegensatz zur kapitalistischen Ausbeutung der Natur wäre ihre ›menschliche Aneignung‹ gewaltlos, nicht zerstörerisch, orientiert an den der Natur innewohnenden lebenssteigernden, sinnlichen, ästhetischen Qualitäten« (Marcuse, *Konterrevolution und Revolte*). Dieser Weg ist der Weg der Absage an lediglich pragmatisch-technische Lösungen. Er ist Bestandteil der – heute marginalen – Suche nach einem Begriff von gesellschaftlichem Reichtum, der sich nicht an Bruttosozialprodukt, Vollbeschäftigung und Lohnhöhe misst.

Erweiterte Fassung eines Vortrags, den Thomas Ebermann am 18. September 2020 in München gehalten hat.

Das große Experiment

Betrachtet man die Zahl der Corona-Toten in der Zeit vom 31. August 2020 bis zum März 2021, dann besichtigt man die Resultate der Bewirtschaftung des Menschenmaterials durch die jeweiligen Staaten – freilich nur bezüglich der Pandemie.

Mein Ausgangspunkt bleibt, dass dem »Plan« des deutschen Staates ein notwendiges kapitalistisches Kalkül zugrunde liegt, nämlich das Ausbalancieren von akzeptierten Opfern und die Vermeidung einer »zu hohen«, das nötige Reservoir der Ware Arbeitskraft beeinträchtigenden Zahl von Infektionen – bei Erhalt der Loyalität gegenüber dem Staat sowie seinem regierenden und konstruktiv-oppositionellen Personal selbstverständlich. Der Staat, als Regulator der Akkumulation, von deren Gelingen er über die ihn finanzierenden Steuern abhängig ist, hat bei dieser Balance Spielräume, besitzt aber keine Freiheit; er ist höchstens bedingt souverän.

Mein Grundgedanke lautet also, dass Deutschland (wie fast alle Staaten der »westlichen Welt«) das Konzept einer abgebremsten Herstellung von Herdenimmunität, einer kontrollierten Durchseuchung ohne allzu katastrophische Zahlen und Bilder, ohne wirkliche Zusammenbrüche des gesamten Gesundheitssystems zu provozieren, verfolgte.

Die Zahlen: Deutschland verzeichnete Ende August gut 9.300 Tote, zum Jahresende 33.800 Tote und Anfang März 2021 71.950 Tote.[3] Die Vereinigten Staaten Ende August 188.000, zum Jahresende 346.000, Anfang März 2021 524.360; Frankreich Ende August 30.600, zum Jahresende 64.800, Anfang März 2021 88.600; Großbritannien Ende August 41.500, zum Jahresende 73.600, Anfang März 2021 124.650; Italien Ende August 35.500, zum Jahresende 74.200, Anfang März 2021 99.600; Spanien Ende August 29.000, zum Jahresende 50.800, Anfang März 2021 71.140.

In all diesen Ländern – mit Ausnahme der USA – gab es im Sommer 2020 – teils wegen der restriktiven Maßnahmen, aber auch weil das Virus keine Wärme mag – im Vergleich zur Zeit davor und danach sehr geringe Todeszahlen; im Zeitraum vom 1. bis zum 31. August: Deutschland 100 Tote, Frankreich 360, Großbritannien 300, Italien 200, Spanien 600; in Österreich waren es 15, in der Schweiz 22 und in Belgien 170 Tote.

---

3 John Hopkins University, Stand: 7. März 2021.

Die Stimmen, die die technische Möglichkeit einer Reduzierung des Infektionsgeschehens auf nahezu null betonten (und zugleich diese Chance mit Blick auf eine zu große Schädigung der Wirtschaft verwarfen), sind glaubwürdig. Die Präsidenten der außeruniversitären Forschungsorganisationen Fraunhofer- und Max-Planck-Gesellschaft sowie Helmholtz- und Leibniz-Gemeinschaft erklärten bereits im April 2020 in einer gemeinsamen Stellungnahme: »Die vollständige Eradikation (›Ausrottung‹) des Virus ist im Prinzip möglich, bedarf aber internationaler Koordination und großer Anstrengung.« Sie sei »derzeit nicht praktikabel«, und man müsse immer bestimmte »Faktoren in Betracht (…) ziehen, wie psychologische und weitere gesundheitliche Belastungen der Bevölkerung, die wirtschaftliche Entwicklung und internationale Vernetzung«. Das Fundament für die explosionsartige Entwicklung der Infektionszahlen im Herbst hätte sehr weitgehend demontiert werden können.

Durchaus kann bilanziert werden, dass zwischen den bezüglich Reichtum und Sozialstruktur sehr ähnlichen Ländern die Unterschiede, je nach Maßnahmen oder dem Verzicht auf selbige, gewaltig sind: In Schweden sind 128 von 100.000 Einwohnern an Corona gestorben, in Dänemark 41 und in Norwegen zwölf.[4] Dennoch ist die Differenz der Zahl der Toten pro 100.000 Einwohner zwischen Staaten, in denen extreme Verharmloser – wie Donald Trump in den USA – an der Regierung waren, solchen, die dem Virus mit aller rhetorischen Unangemessenheit den »Krieg« erklärten – wie Frankreichs Präsident Emmanuel Macron –, und Ländern, die eher von als links geltenden Regierungen geführt wurden – wie etwa Spanien –, gering. Von 100.000 Einwohnern starben in den USA 160, in Italien 165, in Großbritannien, wo zunächst auf Durchseuchung gesetzt wurde, 187, in Spanien 152, in Frankreich 132, in Deutschland 87, in Belgien 195. Das vom berüchtigten Corona-Leugner Jair Bolsonaro regierte Brasilien führt 126 in seiner Bilanz auf, Argentinien 119.

Jedes schroffe Wort gegen Trump ist angemessen. So schrieb etwa der Salonkommunist Felix Bartels über ihn: »Dieser Präsident hat uns alle dümmer gemacht.« Zwar »ist auch Trump eine Charaktermaske des Kapitals, doch schneidet die sehr viel mehr Grimassen. Er scheint oft selbst nicht gewusst zu haben, was er als nächstes tut. Das hat in den vier Jahren einiges angerichtet, manchmal aus Versehen Schlimmeres verhindert, meistens

---

4 Diese und die folgenden Zahlen gemäß John Hopkins University, Stand: 7. März 2021.

den Schaden noch vergrößert. Im Fall der Pandemie hat es Hunderttausende das Leben gekostet.«[5]

Schräg und unredlich wird diese Schroffheit nur, wenn sie nicht Anwendung findet gegen die Bewirtschafter des Menschenmaterials in anderen Staaten. Während vielerorts die astrein demokratischen Koryphäen sich gebärdeten, als folgten sie bescheiden den »Experten« (was für Früchtchen solche »Experten« wie Hendrik Streeck sind, wird später betrachtet), changieren der rechtspopulistische, faschistoide Führer und seine Klientel zwischen »wissenschaftsskeptischer«, antielitärer Leugnung der Gefahr und – wenn die erdrückenden Tatsachen das pure Leugnen nicht mehr hergeben – der fatalistischen Akzeptanz des nun einmal Unabwendbaren, mit dem man sich furchtlos-heroisch konfrontiert.[6]

Wichtig scheint mir an dieser Stelle der Hinweis, dass die Zahl der Toten (und auch die Zahl der schwer Erkrankten sowie der an bleibenden Schäden Leidenden, die statistisch nicht erfasst werden) nicht schlicht kausal mit dem Rückgang des Bruttosozialprodukts beziehungsweise des Wirtschaftswachstums (das sind bekanntlich bürgerliche Maßeinheiten, von denen ein linker Begriff gesellschaftlichen Reichtums weit entfernt ist) in Verbindung steht. Der relativ schwache Wirtschaftseinbruch in den USA (minus 4,3 Prozent) und die viel größeren Einbrüche in Großbritannien (minus 9,8 Prozent), Frankreich (minus 9,8 Prozent), Italien (minus 10,6 Prozent), Spanien (minus 12,9 Prozent) zeugen davon.[7] Der Rückgang des Wirtschaftswachstums in Schweden (minus 4,7 Prozent), Dänemark (minus 4,5 Prozent) und Norwegen (minus 2,8 Prozent) spiegelt keineswegs die großen Unterschiede zwischen diesen Ländern hinsichtlich der Corona-Opfer. Obwohl bei den Toten auf 100.000 Einwohner gleichauf, bricht Argentiniens Wachstum (minus 11,8 Prozent) mehr als doppelt so stark ein wie das Brasiliens (minus 5,8 Prozent).

Hier sind andere Faktoren wie die Finanzkraft und das Volumen der Rettungspakete der jeweiligen Staaten, der Umfang des Exportgeschäfts, der Anteil von in der Krise zu den Siegern gehörenden Konzernen oder umgekehrt der Anteil der maroden, sich ohnehin mit unterdurchschnittlicher Profitrate und Subventionen hinschleppenden ökonomischen Sektoren relevanter.

---

5 Felix Bartels: »The Sound of Silence«, in »Junge Welt«, 11. November 2020.

6 Siehe hierzu Johannes Hauer / Marco Hamann: »Die Seuche und das Ungeheuer«, in »Jungle World« 1/21.

7 Diese und alle weiteren Angaben gemäß International Monetary Fund: »World Economic Outlook Database: October 2020«.

Auch in den Staaten, die Corona frühzeitig eindämmen konnten, brach die Wirtschaft ein: Australien (minus 4,2 Prozent), Neuseeland (minus 6,1 Prozent), Japan (minus 5,3 Prozent). Am glimpflichsten – von allen OECD-Staaten – kam noch Südkorea (minus 1,9 Prozent) davon. China (plus 1,9 Prozent) blieb zwar im positiven Bereich, verlor aber im Vergleich zum Vorjahr 4,2 Prozentpunkte (und damit mehr als Südkorea, das 3,9 Prozentpunkte verlor).

Die Frage zu beantworten, wer aus der Krise gestärkt hervorgeht, ist weder mein Anspruch noch mein Interesse. Für den sogenannten Standort Deutschland (minus 5,0 Prozent) dürften allerdings Meldungen wie die, dass Daimler 2020 trotz Absatz- und Umsatzeinbußen vier Milliarden Euro Gewinn (ein Plus von 48 Prozent!) machte, allergrößte Bedeutung haben.

Ohne den unzutreffenden Eindruck erwecken zu wollen, ich könnte das alles begründet entschlüsseln, genügt das Material für folgende Feststellung: Es ist keineswegs ausgeschlossen, dass Staatspolitik marktwirtschaftlich-immanent richtig gehandelt hat, wenn sie die kontrollierte Durchseuchung, die Akzeptanz einer gewissen Zahl von Toten, zur Grundlage ihres Kalküls gemacht hat.

In der Schweiz hat eine größere Zahl etablierter Ökonomen, welche die Zahl der Toten wirklich nur pflichtschuldig in ihr gemeinsames Dokument aufgenommen haben, angesichts der außergewöhnlich großen Missachtung der gängigen Standards des »Gesundheitsschutzes« (mit entsprechender Explosion der Zahl der Infizierten) mit der ökonomischen Kontraproduktivität der tödlichen Laxheiten argumentiert. Ich lese so etwas und bin unschlüssig: Hat die Macht oder haben die Ökonomen recht? Geht das Spiel mit dem Feuer – also mit Menschenleben – glimpflich aus, folgt aus ihm keine übermäßige Lahmlegung, kann auch die Staatspolitik sich damit schmücken, der vorsichtigeren ausländischen Konkurrenz ein Stück vom Kuchen weggeschnappt zu haben – zumindest temporär. Mittlerweile ähneln die Maßnahmen der Schweiz ja den in anderen Staaten üblichen.

Ich erwähne das etwas ausführlicher, weil mir in den letzten Monaten im Rahmen meiner Lektüre so viele Linke begegnet sind, die glaubten, durch Schlaumeiereien auf dem Gebiet kapitalistischer Rationalität ihrem menschenfreundlichen, ihrem humanistischen Anliegen eine Verstärkung, eine noch größere Schlagkraft verleihen zu können. Ich wähle beispielhaft den an anderer Stelle ausführlich gelobten Virologen Rob Wallace. Gefragt, wie er die staatlichen Reaktionen auf die Pandemie beurteile, antwortet er: »Sie sind zutiefst irrational und ineffizient. Selbst für kapitalistische Gesellschaften wäre es ja im wohlverstandenen Eigeninteresse, Geld für globale Notfallpläne und eine medizinische Grundversorgung für alle auszugeben, weil sich dadurch hohe Folgekosten vermeiden ließen – oder wenigstens die Menschen in Quarantäne zu entschädigen (...). Statt dessen müssen die ärmeren und migrantischen Teile der Bevölkerung arbeiten (...), und das verlängert die Epidemie.«[8] Die hier unterstellte Irrationalität und Ineffizienz ist keineswegs eine ausgemachte Sache; ihr kommt Rationalität innerhalb des verrückten Ganzen zu.

Entscheidend ist jedoch die schiefe Bahn, auf die der humanistische Ansatz (meinetwegen: unbewusst) gerät, wenn er sich immanente Nützlichkeitserwägungen zu eigen macht. Wir kennen das aus Diskussionen über Geflüchtete oder »Ausländer«, wenn ihr Nutzen für die Volkswirtschaft, etwa zur Linderung irgendeines Arbeitskräftemangels, ins Feld geführt oder ermittelt wird, wie viele seit 2015 inzwischen gut integriert und also auf dem Arbeitsmarkt untergekommen sind. Der schäbige Gipfel solcher »Belehrungen« wird erreicht, wenn auf die Zahl jüdischer Nobelpreisträger verwiesen wird, um den Deutschen zu erläutern, sie hätten sich mit der Ermordung der Juden ganz unvernünftig ins eigene Fleisch geschnitten. Das alles sind vergiftete Argumente, Verdinglichungen und Nützlichkeitsberechnungen. Es kann überhaupt keine linke Politik geben, die dem wirtschaftlichen Getriebe und der nationalen Ökonomie keinen Schaden zufügen würde und wollte.

Außerdem weist diese Pandemie ja eine Besonderheit auf: Es sterben bisher ganz überwiegend Alte. Über sie und ihre Stellung schrieb Rainer Trampert, bestimmte sozialdarwinistische Diskurse in gehobenen Schichten kommentierend: »Der immanent rationale und zugleich antizivilisatorische Kern der Debatte liegt darin, dass für das System der Tod aller Rentner sowie der Arbeitslosen und Kranken, die nicht mehr funktionstüchtig zu machen sind, die profitabelste Lösung wäre, denn sie verbrauchen Werte, ohne selbst Mehrwert zu produzieren.«[9]

Ohne diesen Zusammenhang zu bedenken, ist unerklärlich (beziehungsweise nur auf begriffslose Worte wie »Versagen« oder »Skandal« zu reduzieren), dass so etwas praktisch Einfaches, wie Alten- und Pflegeheime nur nach einem Schnelltest betreten zu können, nicht (früher) realisiert wurde. Das

---

8 »Die kapitalistische Landwirtschaft ist eine Ursache der Krise«, in **konkret 12/20**.
9 Rainer Trampert: *Europa zwischen Weltmacht und Zerfall*. Schmetterling 2014.

hatte keine Priorität, jedenfalls nicht dort, wo nicht die gehobenen Schichten in Seniorenresidenzen ihren Lebensabend verbringen, sondern die weniger Betuchten bis zum Tod empathielos verwaltet werden. (Ich bin ganz dagegen, solche Zustände – im Namen der Lebensrettung – nicht mehr anzusprechen, als ginge es den alten Menschen gut, wenn sie nur besucht werden könnten. Ich habe meine Großmutter aus so einer Verwahranstalt herausgeholt; auslösendes Moment war die mir kumpelhaft-lachend gegebene Auskunft des Pflegepersonals, man würde der Großmutter eine ganze Woche lang die Montagsausgabe ihrer seit Jahrzehnten abonnierten Zeitung zu lesen geben, da sie ja nicht mehr merke, wenn sie dieselben Todesanzeigen von Montag bis Samstag lese. Zynische Verhältnisse produzieren auch zynisches Personal – man darf nicht verallgemeinern, ich weiß.)

Dennoch sei – rein hypothetisch – angemerkt, welche Kraft zum Anstoß einer gesellschaftlichen Debatte wohl die Belegschaft eines Altenheims hätte, die ankündigte, in zehn Tagen in einen Streik zu treten, wenn nicht Personal und Gerät herangeschafft würden, um jeden Besucher und Mitarbeiter einem Schnelltest unterziehen zu können. Das wäre realer Schutz einer Risikogruppe, also das Gegenteil der Demagogie, man könne die Millionen besonders Gefährdeten schützen, ohne die Infektionszahlen signifikant zu senken. Das ist bekanntlich illusionär und schlösse Leute wie mich ein. Es ist antizivilisatorisch, aber nicht irrational. Solange kein relevanter Teil der benötigten Ware Arbeitskraft ausfällt, können die ökonomischen Prozesse – bei Stillegung von Randbereichen – ihren Lauf nehmen.

Dass wir es heute mit einer »stillen Triage« zu tun haben, dass schwerkranke, alte Menschen nicht einmal mehr in die Intensivstationen eingeliefert werden, dass man ihr Leben nicht zu retten versucht, ist Skandal und kapitalistische Rationalität zugleich. Es ist übrigens auch die Bedingung dafür, von den zwar angespannten, aber nicht überlastet zusammenbrechenden Kapazitäten der Intensivmedizin schwadronieren zu können. Dass die Alten auf der Priorisierungsliste des Impfens so gnädig behandelt werden, hat nur einen Grund: Dieses Virus rafft so viel weniger junge, anwendbare Arbeitskraft dahin, als etwa die Spanische Grippe es tat. Wäre es anders oder besäße eine Mutation andere Eigenschaften, würde die Rangliste umsortiert. Dafür ist das diskursive Fundament gelegt.[10]

---

10 Siehe dazu das Kapitel »Lasst die Alten sterben«.

Ich habe eben eine negatorische Möglichkeit, eine konkrete Verweigerung, ein Sand-im-Getriebe-sein-Wollen, (unrealistisch) erwogen. Dieses Herangehen ist nicht »alltagsfern«, ist nichts, was über das Handgemenge erhaben ist. Es ist das Gegenteil des staatsfrommen Vorwurfs, der Gewaltmonopolist würde seiner Aufgabe nicht gerecht.

In der Werbung für den Aufruf »Zero Covid«, deren maßgebliche Initiatorinnen und Initiatoren sie sind, schreiben Verena Kreilinger und Christian Zeller, sich auf den sonst bei Linken nicht so beliebten Internationalen Währungsfonds berufend, »eine inkonsequente Pandemiebekämpfung (...) kostet die Länder langfristig mehr als ein kurzfristiger, effektiver Shutdown«, um dann, mit Blick auf Europa fortzufahren: »Darum kommen die Staaten ihrer Rolle als ›ideeller Gesamtkapitalist‹, der für die Aufrechterhaltung der Akkumulationsbedingungen für das gesamte Kapital zu sorgen hat, nur noch eingeschränkt nach.«[11] Hier ist der komplette Perspektivwechsel offenkundig. Ich glaube den Autoren und vielen Unterzeichnern ja, dass ihnen wie mir die Corona-Toten nicht gleichgültig sind, dass sie nicht »lernen wollen, mit der Pandemie zu leben« – aber so geht das nicht, das untergräbt sich selbst, wenn man sich als den besseren ideellen Gesamtkapitalisten setzt, der nach einem heftigen und kurzen Shutdown »für das gesamte Kapital« (das gesamte!) funktional sein würde.[12]

Nicht verboten ist es, zu studieren und zu lernen, welche Maßnahmen in Südkorea, Vietnam, Taiwan, Kuba, Australien, Uruguay und China dazu geführt haben, dass dort die Infektionszahlen so niedrig waren. Jeder antiasiatische Rassismus ist fehl am Platz.

Aber: Halten wir auch fest, dass Produktionsweise und konsumtive Gewohnheiten, etwa in Australien, Taiwan und Südkorea, Massentierhaltung und Zerstörung »unberührter« Natur zur Voraussetzung haben, die die nächste Pandemie (mit)produzieren. Sie sind Bestandteil des Prinzips von erzeugter Katastrophe und Katastrophenplan.

Und China, dessen Aufstieg von der westlichen Welt so beargwöhnt (die helfen gar nicht selbstlos wie wir, die wollen geopolitischen Einfluss gewinnen und erpressen sogar andere Staaten) und bekämpft wird? China, das seine geglückte nachholende Akkumulation auf einer überdimensionalen Halde gequälter und verschlissener Körper aufgebaut hat – man kann auch

---

11 Verena Kreilinger / Christian Zeller: »Die Pandemie besiegen«, in »Analyse & Kritik« Nummer 667.
12 Mehr zu Zero Covid im Kapitel »Die Konstruktiven«.

sagen, wenn einem kein anderer Maßstab als die Wachstumsraten zur Bestimmung gesellschaftlichen Reichtums einleuchtet: aufbauen musste, weil das der nachholenden Entwicklung innewohnt. Wer das Buch *iSlaves*[13] gelesen hat, der weiß, unter was für unerträglichen Bedingungen und in welchen Höllen die Lohnarbeit in China stattfindet. Zusätzlich können wir in Erfahrung bringen, dass »nirgendwo in der Welt Bergleute so gefährlich leben wie dort. Tausende sterben jedes Jahr, Zehntausende erkranken an Staublunge.« Oder: »Nach wie vor kämpfen Arbeiterinnen der Batteriefabrik Gold Peak um eine Entschädigung ihrer langjährigen Vergiftung durch Kadmiumdämpfe und deren gesundheitliche Folgen.«[14]

Ich vermute – die Autoren der Zeitschrift »Wildcat«, die systemerschütternde proletarische Kämpfe vorhersagen, werden mir widersprechen –, dass der Sieg über die Pandemie dem Staat und seiner Führung zu größerem Ansehen verhelfen und den verseuchten Nationalismus, der immer Opferbereitschaft für die Nation impliziert, befördern wird. Ich bin – gedanklich – auf der Seite derer, die die Unerträglichkeiten bekämpfen, auch wenn der Lebensstandard für die Mehrheit der Menschen steigt – scheußlich, das System der Überwachung, der Belohnung von Wohlverhalten und der Bestrafung von Unbotmäßigkeit. Nur in der Negation, in der Ablehnung des »Immerhin«, scheint das Glücksversprechen des möglichen Besseren, zu dem wir keinen Weg wissen, auf. Denke ich an Australien, fällt mir übrigens ein, dass es sich – weltweit – um eines der niederträchtigsten Regime handelt, was den Umgang mit Geflüchteten angeht.

Ich möchte einige Episoden der letzten Monate in Deutschland beschreiben. Ich kritisiere nicht Fehler, Tölpelhaftigkeit, Unwissenheit der Herrschaft – wobei es natürlich genug Politiker gibt, die strohdumm sind und ohne Überblick über die Konsequenzen ihres Handelns –, sondern mein Ausgangspunkt ist das Konzept der kontrollierten Durchseuchung, das für die bewusst in Kauf genommenen Opfer verantwortlich ist. Die Vorstellung einer kontrollierten Durchseuchung, deren Begriff ich adaptiert habe, war komplett zutreffend, als ein Impfstoff noch nicht in Sichtweite war. Die mir zugänglichen Quellen im Spätsommer hegten Zweifel, ob es einen wirksamen Impfstoff jemals geben werde – und falls ja, veranschlagten sie meist zwei Jahre für seine Ent-

---

13 Pun Ngai et al.: *iSlaves – Ausbeutung und Widerstand in Chinas Foxconn-Fabriken*. Herausgegeben und übersetzt von Ralf Ruckus. Mandelbaum-Verlag 2013.

14 Zitate aus Wolfgang Hien: *Die Arbeit des Körpers. Von der Hochindustrialisierung bis zur neoliberalen Gegenwart*. Mandelbaum-Verlag 2018.

wicklung. Ich habe, wie auch die linken Bücher dieser Zeit, das Thema deshalb bei meinem Vortrag im September beschwiegen.

Aktuell und zukünftig sollte vielleicht eher von einer Mischung, einer Gleichzeitigkeit, einem sich ständig verändernden Proporz zwischen bewusster Durchseuchung und Immunisierung durch Impfung gesprochen werden. Wahrscheinlich wird das dem unauflöslichen Zusammenhang von Lebensrettung und seiner Opferung, der aller Staatspolitik innewohnt, präziser gerecht. Ich gehe von einer großen Übereinstimmung dieser Politik mit dem Wollen, den Sehnsüchten und Bedürfnissen der »Massen« aus. Das unterscheidet mich von jenen, die die Mehrheit der Normalos freisprechen, oft auch ihr großes Vertrauen in sie demonstrativ betonen, sie höchstens behandeln als von der Macht getäuscht, hinters Licht geführt oder von den Zwängen des Berufslebens gefesselt.

Was wir erleben, scheint mir wie ein großes, bedrohliches Experiment: Mit welcher Gelassenheit ist eine Gesellschaft bereit, mehrere Hundert, ja mehr als tausend Tote täglich zu akzeptieren? Wie dominant die Rhetorik ist, man wolle jetzt über verschüttete Milch nicht räsonieren, Fehler seien gewiss gemacht worden, aber wer mache die nicht – schließlich ist es Neuland und unbekanntes Terrain. Das Ritual des bürgerlichen Politikbetriebs, dem zufolge der Versagende zurücktritt (und durch eine ihm ähnliche Nase ersetzt wird), ist suspendiert. Man bedenke nur, wegen welcher – im Vergleich – Lappalie der ehemalige Verteidigungsminister Karl-Theodor zu Guttenberg einst zurücktreten musste.

Die Versprechungen des Sommers und frühen Herbstes waren so rosig. Das Mantra der Politik lautete, es wird keinen zweiten Lockdown geben, das garantieren wir. Wir wissen, hieß es, dass aus Unkenntnis viele übervorsichtige Maßnahmen ergriffen wurden, die zukünftig unnötig sein werden. »Man würde mit dem Wissen heute«, verkündete Bundesgesundheitsminister Jens Spahn (CDU) im September 2020, »keine Friseure mehr schließen und keinen Einzelhandel mehr schließen. Das wird nicht noch mal passieren. Wir werden nicht noch mal Besuchsverbote brauchen in den Pflegeeinrichtungen.« Alle sogenannte Panikmache war ebenso verschwunden wie die Erbauungsrituale im Netz oder das Singen auf den Balkonen. Die bekannten Regeln seien einzuhalten; wilde Partys und Besäufnisse auf Mallorca seien unverantwortlich, das volle Flugzeug dorthin jedoch nicht.

Der bayerische Ministerpräsident Markus Söder (CSU) etwa, der das Image des eher autoritären Warners sich erarbeitete, meinte im September 2020 zu wissen, dass Schulen und Kitas ebenso eindeutig nie wieder zu schließen seien wie der Einzelhandel. Denn »ein flächendeckendes Stillegen von Wirtschaft und Schulen« hätte »erhebliche Schäden (...), die uns deutlich mehr treffen würden« als im Frühjahr, zur Folge. »Priorität eins heißt, Wirtschaft und Arbeitsplätze zu erhalten« und »Schule und Kita laufen zu lassen (...) im Vollbetrieb«. Er artikulierte auch seine Vorfreude auf bald zu erwartende Sportereignisse mit Publikum und setzte nun wirklich alles ins Werk, auf dass massenhaft Touristen sich in Bayern drängelten und dem Ausland einen guten Batzen Einnahmen entrissen.

Sachsens Ministerpräsident Michael Kretschmer (CDU), der später wie der autoritärste Pandemiebekämpfer reden sollte, traf sich mit den sogenannten Hygiene-Demonstranten, ihre ja so berechtigten Anliegen anerkennend, symbolträchtig ohne Maske, weil man ja sonst nicht ins Gespräch komme. Später sollten Analysen des Instituts für Demokratie und Zivilgesellschaft Jena ergeben, dass es einen signifikanten Zusammenhang zwischen AfD-Hochburgen und der rasenden Ausbreitung des Virus gibt. An der Erziehung der Sachsen zur Gefahrenleugnung, zur Ignoranz im Namen einer der Ethnie nun einmal innewohnenden Liebe zur Geselligkeit hat die Landesregierung schon den größten Anteil. Dass Dynamo Dresden vor 10.000 Zuschauern Fußball spielte, hat bekanntlich nicht die AfD angeordnet, sondern nur begrüßt (oder waren ihr das zu wenige, ich weiß es nicht).

Im Sommer lebe ich immer zwei oder drei Monate in Graz. Was ich dort, bis zum 17. September, besichtigen konnte, war – von zwei vorbildlich gestalteten linken Veranstaltungen mit der Möglichkeit, im Freien und mit großen Abständen zu sitzen, abgesehen – so etwas wie ein Spiel, bei dem man zwar gesetzliche Regeln einhielt, wie die Maskenpflicht in Supermarkt und Straßenbahn, aber sie zugleich demonstrativ brach. Im Stadtpark, im Restaurant, in der Einkaufsmeile war man eng beieinander, ließ die Weinflasche kreisen, trieb Sport mit symbolträchtigem Körperkontakt.

Es konnte nur – und in Deutschland war es ebenso – auf den Schrecken zulaufen, der dann eintrat. Ich war mir jedenfalls sicher und bin wahrscheinlich meinem Freundeskreis mit einem Überschuss an schwarzer Prognostik auf den Wecker gefallen. Erwin Riess, der kluge Schriftsteller, fasst zusammen: »Nach der raschen Öffnung des Landes ab Mai stürzten die Österreicher sich mit Todesverachtung in Partys, Volkstums- und Brauchtumsveranstaltungen. Zehntausende urlaubten auf der Suche nach dem Virus in Kroatien und kamen infiziert zurück. Schutzmaßnahmen wurden zum Attribut für Weicheier. Fachleute warnten davor, dass das Virus weiterhin aktiv sei, es müssten entsprechende Vorbereitungen für den Herbst getroffen werden. Bundes- und Landespolitiker nickten – und taten nichts.«[15] Bis zum November, also zum zweiten »Herunterfahren«, wie wir wissen. Die Zeit eines relativ leichten, weitgehenden Sieges über das Virus war vorbei. Die Liste der konkreten Versäumnisse, auf deren akribische Aufzählung ich verzichte – von der Personalsituation in den Gesundheitsämtern bis zum Verzicht auf die Erarbeitung eines Konzepts für die Schulen –, hat in Deutschland und Österreich die gleiche Länge.

Selbst als die Infektionszahlen drastisch anstiegen und Bundeskanzlerin Angela Merkel (CDU) vorrechnete, dass exponentielles Wachstum zu 20.000 (durch Tests nachgewiesenen) Infizierten täglich führen könnte, wurde im November nur ein »Lockdown light« in Kraft gesetzt, dessen extrem milde Maßnahmen weit unterhalb derjenigen des Frühjahrs lagen. Schulen und Kitas blieben weitgehend offen, damit die Lohnarbeit nicht behindert werde, und die relevante Lohnarbeit selbst hatte – abgesehen von Randbereichen – unhinterfragt ihren Gang zu gehen, wozu die Akzeptanz des Weges zur Maloche in vollen Verkehrsmitteln gehörte. Das sollte, wir erinnern uns, zum Resultat ein unbeschwertes Weihnachtsfest haben.

(Eine Abschweifung: Der als schmerzhaft bezeichnete Verzicht auf das Weihnachtsfest im Kreise der Familie ist ein signifikantes Beispiel für die Art und Weise, wie im Ausnahmezustand die Normalität geradezu sakralisiert wird. Weihnachten, dies festzustellen bedarf es keines Linksradikalismus, sind die Tage des Jahres, an denen am häufigsten Frauen verprügelt und misshandelt werden – von jähzornigen und besoffenen Gatten. Weihnachten ist die Zeit, in der man Menschen besuchen muss, die man nun wirklich nicht sehen möchte, aber Erbschleicherei, der Kampf um den erhofften Anteil im Testament, macht es nötig. Weihnachten ist der Moment, in dem Kinder diese Ahnung haben – die ihnen später verlorengehen wird –, dass die Erwachsenen, die sie küssen und denen sie womöglich etwas rezitieren oder vormusizieren müssen, verrückt sind. Weihnachten ist schlimmer als die Pflicht zum geselligen Beisammensein mit den beruflichen Chefs, schrecklicher sogar als der Betriebsausflug. Das alles ist (literarisch) so vorzüglich beschrieben, so selbstverständlich für einen menschenfreundli-

15 Erwin Riess: »Obigfallen«, in **konkret 12/20**.

chen Standpunkt enthüllt – und in diesen Tagen der Sentimentalität so abwesend, fast unaussprechbar wie die Tristesse eines Lebens in »gesicherter Stellung«, die Walter E. Richartz in seinem *Büroroman*[16] so ätzend und akribisch beschreibt.

Alle Kritik der Schule beginnt mit der Feststellung: Sie ist systemrelevant. Allerdings hörte man über die Schule nur noch, wie sehr die Kinder sie vermissten. Wie ausradiert die tyrannische Dressur und das Einsortieren in die gesellschaftlichen Hierarchien mittels Notensystem. Wie aus der Welt geschafft die Angst vor Prüfungen und Zeugnissen, der Raub einer unbeschwerten Kindheit durch (mittelständische) Eltern, die ihre Blagen durch Qualen von Nachhilfe und Schulungen zur »Kreativität« hetzen, auf dass sie Erfolgsmenschen werden. Keine Schilderung der Langeweile, wenn der Lehrplan abgearbeitet wird und der Uhrzeiger stillzustehen scheint. Kein Wort über die Trostlosigkeit des schulischen Alltags derer, die längst abgeschrieben wurden und nur noch der Schulpflicht wegen durchgeschleppt werden – von lustlosen Lehrern, die das junge Menschenmaterial verwalten.

Diese Zeilen sind unausgewogen, ich weiß – und ich weiß auch um die Bedeutung der Schulmahlzeiten für Kinder in wirklicher Armut und das Leiden an fehlenden sozialen Kontakten. Aber die Genügsamkeit, die in der Apologie der Normalität liegt, kann dauerhafter sein als die Pandemie, befürchte ich.)

Objektiv fand in der Pandemie eine Erziehung von Millionen statt, eine Art verordnete Schizophrenie. Sie sollten vorsichtig im privaten Bereich sein, Kontakte reduzieren, also Zusammenkünfte minimieren, und zugleich risikobereit sein, alle Gefahren bei der Arbeit und auf dem Weg zu ihr missachtend. Sie sollten Stockung und Stillstand der Produktion sowie damit verbundene geringere Einkünfte mehr fürchten als eine Erkrankung. Die Furcht vor geringeren Einkünften hat in bestimmten Fällen große Berechtigung, und ich erlaube mir in anderen Fällen ihre Lächerlichkeit zu bedenken, weiß ich doch, wie hoch so ein Facharbeiterlohn für ein Mitglied der Stammbelegschaft eines Automobilkonzerns ist und was da ein Kurzarbeitergeld von 85 Prozent bedeutet – wenn man nicht in allerlei Abzahlungen von gebauten und angeschafften Gütern zur Kompensation verstrickt ist und schon deshalb scharf auf jede Überstunde. Wer aus diesen Zeilen schließt, ich sei ignorant gegenüber der »sozialen Frage«, vergesse sie einfach. Ich weiß, welche Segmente unter Kurzarbeit und temporärer Arbeitslosigkeit wirklich leiden.

---

16 Walter E. Richartz: *Büroroman*. Diogenes 1976.

Im öffentlichen Diskurs entstand eine Polarität, ein pluraler demokratischer Meinungsstreit, in dem die Unterstützung der Regierungspolitik (und der fürsorglichen Kanzlerin) gegen jene stand, die vieles als zu weitgehend, ihre »Freiheit« einschränkend et cetera beschrieben. Damit war in die Marginalität verbannt, wer die mangelhafte Wirksamkeit der Maßnahmen kritisierte. Trotzdem gab es diese Stimmen. Man konnte sie in einigen Artikeln im »Neuen Deutschland« ausfindig machen, Stefan Dietl beschrieb Fälle von Ansteckungsgeschehen am Arbeitsplatz in der »Jungle World«, in »Analyse & Kritik« wurde klug auf die absurde Ausblendung der Infektionen in Schulbetrieb und Produktion hingewiesen. JustIn Monday nahm immanent die Methode des Robert-Koch-Instituts, das Pandemiegeschehen objektiv fälschend ins Familienleben und die Privatsphäre zu verlagern, auseinander. Monday macht sich schon dadurch zum Außenseiter, dass er die angeblich beruhigende Nachricht der Krankenhausvereinigung, dass auf den Intensivstationen noch Kapazitäten vorhanden seien, als das denunziert, was sie angesichts des Verwertungsanspruchs ist, nämlich die »Drohung, dass man sich noch viele Normalverläufe mit bislang unbekannten Spätfolgen leisten und dass auch ruhig noch ein wenig mehr gestorben werden kann«.[17] Zur Minderheit in der überhörten linken Minderheit gehört er, weil er nicht an die Gewerkschaft appelliert, sich einer erfundenen »eigentlichen« Aufgabe, dem Gesundheitsschutz ihrer Mitglieder, zu stellen, sondern ihre Funktion, dem Standort Deutschland zu dienen, als Ursache für dieses doch eigentlich alles erklärende Abkommen zu »Sars-CoV-2-Arbeitsschutzregeln« zwischen den »Sozialpartnern« benennt. Dort heißt es: »Soweit arbeitsbedingt die Abstandsregel nicht eingehalten werden kann und technische Maßnahmen wie Abtrennungen zwischen den Arbeitsplätzen nicht umsetzbar sind, müssen die Beschäftigten mindestens MNB (Mund-Nase-Bedeckung) zum gegenseitigen Schutz tragen.« Mehr Kampfansage an alle Bestrebungen, die Kapitalakkumulation der Gesundheit unterzuordnen, geht nicht: Die Maske als Symbol der Bereitschaft, sich der Gefahr auszusetzen!

Doch verlassen wir die Welt der überhörten Stimmen, der ich angehöre, und betrachten die Diskurse der sogenannten Mitte.

Da steht erstens der an investigativem Unfug, an Widersprüchen, am Aufspüren von mangelnder Gerechtigkeit und allerlei Vergleichen gestählte konformistische Journalismus. Er setzt ins Bild und fragt, ob vertretbar

17 JustIn Monday: »Charaktermasken«, in **konkret 12/20**.

sei, dass das Kosmetikstudio geschlossen und der Friseursalon geöffnet ist. Er fragt, warum das Restaurant geschlossen ist, wo es doch Investitionen zum Schutz der Speisenden getätigt hat, setzt die Gefahr der häuslichen Zusammenkunft ins Verhältnis zum Restaurantbesuch. Er grübelt über die Widersprüchlichkeit eines geschlossenen Konzertsaals im Verhältnis zum erlaubten Gottesdienst. Er steht am Ufer eines Flusses zwischen zwei Bundesländern und schüttelt den Kopf darüber, dass diesseits und jenseits, nur über die Brücke müsse man gehen, unterschiedliche Regelwerke gelten: ein Flickenteppich! Dann besucht er noch eine Hundefriseurin – mir scheint, in jeder Redaktion wurde dieser Auftrag vergeben –, die tränenreich berichtet, sie habe extra einen Raum eingerichtet, in dem der Köter von seinem Halter abgestellt und dann erst von ihr in Empfang genommen werde. Alles vergebens! Nun sei das Lebenswerk in Gefahr, und außerdem sei sie sehr tierlieb. Die Gesellschaft, in der die Zahl der Toten wächst, plaudert.

In dieser Zeit profilieren sich (fast) alle Ministerpräsidenten als Antipoden zu Merkel, verhindern diese oder jene »Übertreibung« der Maßnahmen, bedenken ihre regionalen Besonderheiten, ihr Hotelgewerbe und seine Nöte, erfechten Lockerungen im Detail. Da alle etablierten Parteien Ministerpräsidenten stellen (mit Ausnahme der FDP), muss jede Kritik von Substanz in öffentlicher Debatte und Bundestag durch Abwesenheit glänzen.

Da Thüringens »linker« Ministerpräsident Bodo Ramelow sich als Kämpfer gegen zu strikte Restriktionen profilierte, kann die Linkspartei allerlei soziale Ungerechtigkeiten (zutreffend) zur Sprache bringen, von der schmählichen Behandlung der Soloselbständigen über das aufzustockende Kurzarbeitergeld, die Anhebung der Hartz-IV-Sätze aus gegebenem Anlass. Gegen die Fallpauschalen in den Krankenhäusern und für bessere Arbeitsbedingungen und Löhne geht das. Aber mit keinem Wort – wenn ich etwa die große Debatte im November und die Haushaltsgeneraldebatte im Dezember zugrunde lege – wird zu ermitteln und zu kritisieren versucht, welchen Anteil am explodierenden Infektionsgeschehen die Berufstätigkeit, wo sie sich nicht ins Homeoffice zurückziehen kann, und die Anfahrt zu ihr haben. Ich vermute, das ist formelle oder informelle Beschlusslage, Vorgabe an die Rednerinnen und Redner. Eine Partei, die vor einigen Jahren ein scheußliches »Arbeit soll das Land regieren« auf ihren Wahlplakaten verkündete, lässt sich diese Regentschaft doch nicht von einer Seuche vermiesen!

Studiert man zusätzlich Sahra Wagenknechts Botschaft zum neuen Jahr an ihre Fans, so ist diese gespickt mit Botschaften und Codewörtern, die für Lockerungen stehen. Unter dem Titel »Endlos-Lockdown ohne Alternative? Was wir statt dessen brauchen«[18] schwadroniert sie von den ach so »brachialen Maßnahmen« der Bundesregierung, die »erhebliche Nebenwirkungen« hätten, »sowohl für das menschliche Miteinander (…) und die menschliche Gesundheit (…) als auch für die wirtschaftliche Substanz unseres Landes«. Insbesondere an der Verschärfung des Lockdowns vor Weihnachten, mit – wie Wagenknecht sagt – »Berufsverboten«, stört sie sich: »Wenn eine Medizin nicht wirkt, erhöhe ich die Dosis. Das mag bei manchen Krankheiten wirken, es könnte aber auch sein, dass die Medizin deshalb nicht wirkt, weil es nicht die richtige Medizin ist.« Die Maßnahmen der Bundesregierung seien »so inkonsistent (…), so unlogisch und (…) so empörend«, dass man sich nicht wundern müsse, »dass es Menschen gibt, die das alles in Frage stellen«. Sie wolle »gar nicht in Abrede stellen, dass es Menschen gibt, die sich nicht allzu (!) verantwortungsvoll verhalten (…). Aber die Schuld auf die Bevölkerung«, also Corona-Leugner und Maskenverweigerer, »abzuwälzen«, passt ihr gar nicht, denn diese könnten ihr »spätestens im Herbst« helfen, dafür zu sorgen, »dass es anders zugeht in diesem Land«. Was Verheißung sein soll, ist Drohung.

»Die Kanzlerin hatte recht, und ich hatte unrecht«, sagt Bodo Ramelow im »FAZ«-Interview am 7. Januar. »Ich habe mich von der irrigen Hoffnung leiten lassen, dass der weiche Lockdown vom 28. Oktober die Welle brechen kann«, und das, bedauerlicherweise, obwohl die Kanzlerin »vorausgesagt (hatte), dass uns die Infektionszahlen über den Kopf wachsen werden, dass wir es alle noch mal bereuen werden«. Als Reaktion auf die bei »Markus Lanz« am gleichen Tag noch viel ausführlicher zur Schau gestellte Zerknirschtheit Ramelows, in der es selbstredend nicht um die Verantwortung für eine nicht ermittelbare Zahl von Toten ging, sondern um Anerkennung für die Freimütigkeit des Eingeständnisses – »Irren ist menschlich« –, ließ die Vorsitzende des Deutschen Ethikrates, Alena Buyx, ihrer Bewunderung freien Lauf. Sie fand es »beeindruckend, dass Herr Ramelow das so deutlich zugibt«, auch »beispielhaft«, bahnbrechend für eine neue »Fehlerkultur« und – was für ein Wort! – »erfrischend« für die Diskussion. Wer das nicht »erfrischend« findet, ist nachtragend, womit die Botschaft für den Gedenktag der Zukunft schon einmal fixiert wäre.

---

18 Im Rahmen ihres regelmäßigen Videoblogs »Bessere Zeiten – Wagenknechts Wochenschau«, 7. Januar 2021.

Danach schloss Ramelow sich den Getreuen der Kanzlerin an, war »sehr einverstanden mit den beschlossenen Maßnahmen« und entdeckte, wie der Bundespräsident in seiner gemeinsamen Botschaft mit dem DGB-Chef und dem Arbeitgeberpräsidenten, man müsse bedenken, »was sich in Kantinen abspielt, in Umkleiden und Pausenzeiten« und deswegen »möglichst wenig Arbeit in Betrieben vollziehen, wenn (!) man Homeoffice als Alternative hätte«. Wenn nicht, dann nicht. Ansonsten »begrüße ich es ausdrücklich, dass unsere Industrie- und Handelskammer und Handwerkskammer in Süd-Thüringen jetzt eine Teststrategie (…) gemeinsam mit dem Landratsamt verabredet hat«, ergänzte Ramelow gegenüber dem MDR. In harmonischer Sozialpartnerschaft gegen Produktionsausfälle von Belang.

Ich kehre zurück zur einzig wahrnehmbaren Polarität: Merkels Regierung gegen die selbsternannten Freiheitskämpfer. Die Politik der Bundesregierung erscheint vielen Menschen in so positivem Licht und als so vertrauenswürdig, weil sie Angriffen ausgesetzt ist, die nicht nur abgekartetes Spiel mit verteilten Rollen sind, sondern reale Differenzen im unauflösbaren Spannungsverhältnis von staatlich postuliertem »Gesundheitsschutz« und den Notwendigkeiten der Kapitalakkumulation darstellen. Man bedingt einander und braucht einander.

Keinen Zutritt zum bürgerlich legitimierten Diskurs, also zu den der Staatsräson verpflichteten großen Sendern, Zeitungen und Zeitschriften haben die mörderisch Wahnsinnigen. Die Stellung etwa des Ehepaars Sucharit Bhakdi und Karina Reiss mit ihrem Buch *Corona Fehlalarm? Zahlen, Daten und Hintergründe* entspricht nicht der eines Thilo Sarrazin und seines Bestsellers zur »Selbstabschaffung« Deutschlands. Bhakdi und Reiss gründen ihren gigantischen Erfolg auf ihrer Stellung als »Wissenschaftler« in einem pathogenen Milieu, das die normale Grippe für gefährlicher hält als das Virus mit seiner mindestens zehnfach höheren Infektionssterblichkeit – und sie kommen nicht in die Talkshows, die Herrn Sarrazin offenstanden und ihn zum Teilnehmer an der legitimen Debatte machten.

Die Grenzen sind allerdings unscharf. Mancher Kommentar aus dem Hause Springer las sich wie ein direkter Aufruf zur nächsten »Hygiene-Demo« – beispielhaft nur der Anfang eines typischen, vom Chefredakteur der »Welt«, Ulf Poschardt: »Die innerdeutschen Reisebeschränkungen setzen den autoritären Gesten beim Umgang mit der Corona-Krise eine weitere Krone auf. Das kann man alles so machen, aber die stoische Hinnahme der

Einschränkungen fundamentaler Freiheitsrechte hat ein Ausmaß angenommen, das schockierend ist.«

Wie weit große Medien gingen und gehen, verdeutlicht ein in Hamburgs auflagenstärkster Zeitung, dem »Abendblatt«, am 24. Oktober an prominenter Stelle plaziertes Interview mit dem Mitunterzeichner der Great Barrington Declaration, Professor Ansgar W. Lohse vom Deutschen Zentrum für Infektionsforschung. Die wirklich irrwitzige Strategie zur ungebremsten Herstellung von Herdenimmunität, deren mörderische Konsequenz während ihrer »Erprobung« in Großbritannien zu besichtigen war und die nun wirklich von jedem Wissenschaftler, der einen Ruf zu verteidigen hat, angemessen in die Tonne getreten wurde,[19] wird im »Hamburger Abendblatt« eingeführt als das Werk von »drei renommierten Epidemiologen der Universitäten Harvard, Stanford und Oxford«, die »einen Kurswechsel vorschlagen«. Professor Lohse erkennt, wie absehbar »die Gefahr, dass wir die Angst übertreiben«, ist, lobt den schwedischen Weg über den grünen Klee; er ist ein genialer Prognostiker: »Ich glaube nicht, dass die Todeszahlen extrem werden.« Lohse bewirbt die ungebremste Durchseuchung (des robusten Teils des »Volkskörpers«) mit der verlockendsten aller Verheißungen: »Diese Menschen können ihr Leben produktiv weiterleben«, und spricht die Botschaft aus, die weit über den Kreis der ultrareaktionären Barringtoner hinaus der Kampfbegriff schlechthin ist: »Wir müssen lernen, mit dem Virus zu leben«, also an ihm zu sterben.

Der autoritäre Charakter bedarf zur Legitimation seiner gefühlten Ressentiments (pseudo)wissenschaftlicher Ergänzung auf der Höhe der Zeit (deshalb wurde, kleine Abschweifung, die »rassenkundliche« Schädelvermessung von der Hirnforschung verdrängt), und die Worte »Harvard« und »Oxford« sowie »renommierte Epidemiologen« bedienen das.

Wirkmächtiger sind allerdings jene, die eine gewisse Distanz zu »Barrington« et al. suggerieren, manchmal sogar die »Verdächtigung« empört zurückweisen, sie würden »heimlich auf die Herdenimmunität abzielen«, und sich im Namen eines »Strategiewechsels« gegen die (Lockdown)Politik der Bundesregierung stellen. Ihre zentrale Botschaft lautet, die Gesellschaft müsse lernen, mit der Pandemie zu leben, eine größere Zahl an Kranken und Toten akzeptieren – unterhalb des Kollapses. Paradigmatisch sind die Worte des »Experten« Streeck in der ARD-Sendung »Maischberger – Die Woche«

---

19 Siehe zum Beispiel das John Snow Memorandum vom 15. Oktober 2020.

vom 14. Oktober 2020: »Das Virus ist da, Teil von unserem Leben. Und wir müssen damit leben lernen.« Insbesondere die Phrase vom »Leben lernen« etablierte Streeck bereits seit April 2020. Doch damit nicht genug: »Ich finde es müßig, über Todeszahlen zu reden.« Und bereits eine Woche zuvor hatte er gesagt, dass »20.000 Neuinfektionen pro Tag« zwar nach »Apokalypse« klängen, »aber im Grunde sollte uns das keine Angst machen«. Zumindest dann nicht, wenn man erst 43 Jahre alt und verbeamteter Professor ist.

Ein weiteres Mantra lautet bekanntlich, man dürfe »die Infektionszahlen nicht um jeden Preis senken«. »Wir brauchen eine gesunde Wirtschaft, damit wir ein gesundes Gesundheitssystem finanzieren können«, dazu müssten auch höhere Infektionszahlen in Kauf genommen werden, trägt der Ökonom Thomas Straubhaar bei. Der Virologe und Epidemiologe Klaus Stöhr variiert: »Wo ist der Mittelweg, der im Dreieck zwischen Wirtschaft, Gesundheit und Freiheit bleibt und bei dem keiner dieser Bereiche vollständig auf der Strecke bleibt? Bei der Begrenzung der gesundheitlichen Auswirkungen spielt Deutschland ganz vorn mit. Gesundheitsökonomen fragen aber jetzt nach der Verhältnismäßigkeit.« Und weiter: »Neben der Tragik stellt sich hier aber auch die Frage nach der Angemessenheit des Ressourceneinsatzes.« Der Politikredakteur der »FAZ«, Morten Freidel, fasst zusammen: »Oder soll es täglich weniger Tote geben? Selbst dieses Ziel rechtfertigt für Stöhr nicht jede Maßnahme. Er will die Zahl der Toten ins Verhältnis setzen.« Auch der Virologe Jonas Schmidt-Chanasit polemisiert gegen das Regierungspostulat, die Infektionen müssten von den Gesundheitsämtern (wieder) nachvollzogen werden können, um Infektionsketten zu unterbrechen. Könnten sie das nicht, sei das »nach Meinung von Schmidt-Chanasit auch nicht weiter schlimm«, denn »noch könne das Gesundheitssystem mit den Kranken fertig werden«.[20]

Streeck kämpft an gleicher Front: Das Ziel der Begrenzung der Neuinfektionen – 50 auf 100.000 Einwohner innerhalb einer Woche – sei falsch, und »schon bei ihrer Festlegung war diese Zahl eher symbolisch«. Besser sei zu diskutieren, sagte er der »FAZ« Ende Januar, wann »es in Deutschland auf den Intensivstationen eng wird. Ist das bei über 5.000 belegten Betten der Fall (…), bei 10.000 oder gar 20.000? (…) Im Moment bestimmt in dieser Sache nicht ein klar umrissener Wert die Diskussion, sondern öffentlichkeitswirksame Warnungen einzelner Intensivmediziner.«

20 Morten Freidel: »Nützt der Lockdown überhaupt?«, in »FAZ«, 14. Dezember 2020.

So werden Berichte über Zwickau und andere Orte des realen Zusammenbruchs, in denen Intensivpfleger von ihrer neuen Hauptaufgabe berichten, Leichen in Plastiksäcke zu verpacken, zu unangemessenen Warnungen publicitysüchtiger (einzelner!) Intensivmediziner.

Demonstrativ stellten Streeck, Schmidt-Chanasit und der Chef der Kassenärztlichen Bundesvereinigung, Andreas Gassen, am Tag nach der Verkündung des Lockdowns, am 28. Oktober, ihr gegen die Regierungsbeschlüsse gerichtetes »Positionspapier« vor. Es lohnt die Mühe, sich diese Präsentation noch einmal in voller Länge im Netz anzuschauen. Im Namen der Eigenverantwortung, die im Maskentragen und Abstandhalten sich zu erschöpfen hat, kombiniert mit der Lüge von der Schützbarkeit der Risikogruppen, wird gegen die »Verbotskultur« gewettert, die Keule gegen »Bevormundungen« geschwungen und werden verordnete Kontaktbeschränkungen abgelehnt. So sei es »nicht zielführend, Gaststätten, Hotels und Theater zu schließen«. Thomas Kunkel und Nadja Rakowitz haben das angemessen schroff, also nicht im Stil der Talkshows, nicht im Tonfall des Disputs zwischen scheinbar gleichwertigen Expertenmeinungen im Rahmen wissenschaftlicher Pluralität, kommentiert: »Es dürfte allen Beteiligten dabei klar gewesen sein, dass der propagierte Verzicht auf staatliche Schutzmaßnahmen für ein Ableben jenes Teils des Humankapitals, der sein Mindesthaltbarkeitsdatum im Sinne der (Re-)Produktion überschritten hat, sorgen würde. Kurzum: Man nahm hohe Todeszahlen billigend in Kauf.«[21]

Kann man – nachträglich – ermitteln, wieviel mehr Tote gezählt worden wären, hätten Streeck, Schmidt-Chanasit und Gassen die Politik bestimmt? Ich kann es nicht. Einen Anhaltspunkt mag liefern, was die Virologin und wohl zeitweise Merkel-Vertraute Melanie Brinkmann Anfang Februar 2021 im Rückblick auf die zögerlichen Verschärfungen der »Lockdowns light« im Herbst veranschlagt hat: »Allein diese zwei Wochen Verzögerung bis Anfang November haben uns in den letzten drei Monaten etwa 30.000 Menschenleben gekostet.«[22]

Von gewaltiger Bedeutung scheint mir, dass der Vorsitzende der Kassenärztlichen Bundesvereinigung, Andreas Gassen, zu den Initiatoren der Erklärung fürs Sterben gehörte: »Ärzteverbände und Wissenschaftler auf Kollisionskurs!« So wurde von interessierter Seite gestreut, die Politik von

---

21 Thomas Kunkel / Nadja Rakowitz: »Die Halbgötter müssen verrückt sein«, in **konkret 2/21**.
22 »Der Wettlauf ist längst verloren«, in »Der Spiegel«, 6. Februar 2021.

Angela Merkel werde nahezu von der gesamten Ärzteschaft in Deutschland abgelehnt. Das enthält wahrscheinlich mindestens die halbe Wahrheit, denn die Zahl der mehrere Zehntausend Mediziner vertretenden Gliederungen, die jene Erklärung unterstützten, war erstaunlich. 42 solcher Fachgesellschaften – ich nenne recht willkürlich die Berufsverbände der Augenärzte, der Urologen, der niedergelassenen Chirurgen und die Bundesverbände der Internisten, der niedergelassenen Diabetologen sowie der niedergelassenen Kardiologen – erschienen, gemeinsam mit oder unter dem Dach des Spitzenverbands der Fachärzte Deutschlands (Spifa), als Unterzeichner des Dokuments, das die Infektionszahlen »nicht um jeden Preis senken« wollte. Es folgte ein recht kompliziertes Hin und Her, Verbände seien ungefragt auf die Liste gesetzt worden, auch die eine oder andere Distanzierung gab es. Trotz einiger Mühe erschließt sich mir nicht alles.

Es handelt sich offensichtlich um eine Mischung unterschiedlicher Motive: Der historische Sozialdarwinismus ist in großen Teilen der Ärzteschaft ebenso vorhanden, wie die faschistoide Gesinnung fortwest. Strukturell betrachtet, ist jede Praxis ein kleines Unternehmen und die Behandlung des Patienten ein Faktor der Geldvermehrung – was so manche unnötige gewinnträchtige Maßnahme erzeugt und sich in den Krankenhäusern fortsetzt, wenn wieder einmal so viele neue Hüft- und Kniegelenke wie irgendmöglich eingesetzt werden »müssen«.

»Hinter den abweichenden Auffassungen zum Umgang mit der Pandemie stecken auch unterschiedliche wirtschaftliche Interessen« – so deutet die »FAZ« an, was den Ausschlag gibt, wenn der Arzt wegen der Auswirkungen der Maßnahmen Geschäftsschädigung erfährt. Die Stärke der FDP in diesem gesellschaftlichen Segment – der Geschäftsführer der Spifa ist ein ehemaliger Bundestagsabgeordneter der Liberalen – ist also keineswegs überraschend. Außerdem west fort, was von Generation zu Generation in stiller Post weitergegeben wurde und wird: das Gedankengut der NSDAP, deren Mitglieder die ständischen Berufsverbände auch personell fest unter ihrer Regie behielten. (Das war, in den siebziger Jahren des vorigen Jahrhunderts, ein wesentliches Motiv, den kleinen Verein Demokratischer Ärztinnen und Ärzte als ebenso schwaches wie verdienstvolles Gegengewicht zu gründen.) Ich habe nichts gegen Ärzte, einige meiner besten Freunde sind Ärzte.

Der 3. März

Am 3. März 2021 hat die Herrschaft ihr eigenes Regelwerk gebrochen. »35 lautete die magische Zahl. Erst wenn die Sieben-Tage-Inzidenz ›stabil‹ unter diesem Wert liege, so beschlossen es die Ministerpräsidenten und die Kanzlerin vor drei Wochen, erst dann könne der ›nächste Öffnungsschritt‹ erfolgen«, fasst der »Spiegel« am 4. März zutreffend zusammen und bemerkt sogar kritisch: »Obwohl die Fallzahlen steigen, obwohl die Impfquote noch zu gering und das Testregime noch nicht etabliert ist, wird gelockert. Politik paradox.«

Solch nüchterne Feststellungen, die »Taz« kommentiert mit ähnlicher Stoßrichtung, sind in der Unterzahl. Eine Verteidigung des nun zu den Akten gelegten Regelwerks ist selten, eine Positionierung, die Lockerungen erst bei einer Inzidenz nahe Null (Zero Covid) oder jedenfalls stabil unter zehn (No Covid) für verantwortbar hält, aus dem öffentlichen Diskurs verschwunden.

Man besichtigt, welche weitreichenden Lockerungen in den vier Öffnungsschritten bis zum 5. April vollzogen wurden und geplant sind. Selbst die sogenannte »Notbremse«, die bei Inzidenzen von über 100 die Lockerungen zurücknehmen soll, ist in der Logik des jetzigen Vorgehens mit Sicherheit Makulatur. Die Bedeutung der Inzidenzwerte ist in den vergangenen Wochen enorm heruntergestuft worden, die Kapazitäten der Intensivmedizin – also das geordnete Sterben in geringerer Zahl als in den Rekordtagen des Januar – sind zum entscheidenden Maßstab avanciert. Herr Streeck sitzt in der Talkshow und lügt nicht, wenn er zum besten gibt, diesen Weg schon immer verfochten zu haben.

Der Weg zum neuen Regelwerk wurde drei Wochen vor seiner Verabschiedung bereitet, als die Öffnung der Friseursalons beschlossen und die Würde des Menschen mit dem Recht auf gestylte Locken oder akkurat gezogene Scheitel verknüpft wurde. Das sollte und musste all die Gerechtigkeitsdiskurse – »Warum die und wir nicht?« – nach sich ziehen. Von Menschen, die nicht zur Arbeit im Salon kamen, weil ihnen der Kontakt mit so vielen Kunden zu gefährlich war, hat man nicht gehört.

Vor dem 3. März war eine facettenreiche Propagandaoffensive für das Prinzip Lockerungen zu besichtigen. Jeder Sender begleitete parlamentarische Hinterbänkler, die durch ihren Wahlkreis kutschierten, verzweifelte Unternehmer und kleine Ladenbesitzer trafen und zu Protokoll gaben, dass man in Berlin, fern der Basis, endlich begreifen solle, wie groß Not und Verzweiflung seien, wie sehr das »Volk« nach Lockerung verlange. Das findet Gehör. Hessens Ministerpräsident Volker Bouffier (CDU) erkennt, dass die Menschen die Schnauze voll haben, und variiert die Melodie: Die, die so heroisch durchgehalten haben, seien nun am Ende ihrer Kraft, nervlich zerrüttet, stehen vor dem Zusammenbruch, seien der Restriktionen müde, sähen keine Perspektive. Die Propaganda kann sich auf einen Stimmungsumschwung berufen – und sie fördert und befeuert ihn. Frank-Walter Steinmeiers »Die Ungeduld wächst im Lande, das ist spürbar« ist Feststellung und Aufforderung zu Ungeduld und Risikobereitschaft zugleich.

Und so schwallt es auf allen Kanälen: Der Bundesverband mittelständischer Wirtschaft fordert, »Deutschland muss raus aus dem Lockdown«, Streeck sieht den Schwellenwert 35 »skeptisch« und fordert, »Gastronomiebetriebe probeweise aufzumachen«, denn sie seien »sicherer als der häusliche Bereich«; auch Laschet habe sich »gegen einen strikt an Inzidenzwerten orientierten Lockdown-Kurs gewandt«. Man dürfe »nicht immer neue Grenzwerte erfinden, um zu verhindern, dass das Leben wieder stattfindet«, erklärt er dem CDU-Wirtschaftsrat, was der schon lange zu wissen glaubte. Die Kultur- und Veranstaltungswirtschaft präsentiert eine große Show, mit Ärzten und Virologen als Kronzeugen dafür, dass die Öffnung von Theatern und Konzertsälen mit 80 bis 100 Prozent Auslastung gänzlich ungefährlich sei – mit entsprechendem Konzept.

Wie immer in solchen Kampagnen gehen einige »zu weit«, spielen den Minenhund, damit andere als Gemäßigte erscheinen können. In dieser Rolle findet sich Michael Hüther vom Institut der deutschen Wirtschaft. »Das ist alles nicht schön, aber die Realität ist nun einmal so«, sagt er auf N-TV, dann wendet er sich prinzipiell »gegen an Inzidenzwerten festgemachte Schließungen von Unternehmen« und fordert mörderische Abgeklärtheit: »Wir müssen uns gesellschaftlich darauf einrichten, dass mit Impfung und allen anderen Maßnahmen es auch künftig eine Virusbedrohung und auch Virussterblichkeit gibt.« Da auch andere »Gefährdungen von der Gesellschaft hingenommen« werden, muss »das auch hier möglich sein«.

Das, wird mancher sagen, der der unausrottbaren »gewerkschaftlichen Orientierung« linker Politik anhängt, ist eben ein skrupelloser Ideologe der Wirtschaft. Falsch, ganz falsch! Die demonstrativ gemeinsame Erklärung des DGB und des Bundesverband Deutscher Arbeitgeberverbände (BDA), die soviel Wahrheit über hiesige Verhältnisse auf den Punkt bringt, ist Bestandteil der hier knapp skizzierten Kampagne für Lockerungen und Öffnungen. »Die Sorge in den Betrieben – bei Beschäftigten und Unternehmern – nimmt zu (...). In dieser Phase braucht es eine belastbare Planungsgrundlage«, heißt es da, und: »Aus Sicht von BDA und DGB ist es dringend erforderlich, dass Bund und Länder kurzfristig eine transparente und regelbasierte Öffnungsstrategie vorlegen ... Für eine erfolgreiche Öffnung ist es aus unserer Sicht zwingend notwendig, die Sozialpartner an der Ausarbeitung dieser Öffnungsstrategie zu beteiligen.«

Wenn meine Beobachtung nicht täuscht, gerieten die für »Vorsicht« stehenden Experten vor dem 3. März erheblich ins Abseits. Gefragte Interviewpartner auf allen Kanälen waren verharmlosende Scharlatane wie der unsägliche Klaus Stöhr. Er wettert gegen den »deutschen Sonderweg« der Inzidenz von 35, die dem weltweiten Trend, auch bei höheren Ansteckungsraten zu lockern, widerspräche. Er bestreitet glatt die höhere Infektiösität der Mutationen (»Es wird schwer sein, der Bevölkerung die Gefährlichkeit der Mutanten zu verkaufen«) und plädiert für Öffnungen von Schulen bis zum Einzelhandel bei Inzidenzen zwischen 130 und 160, da diese das Gesundheitssystem nicht überforderten. Solche Ansichten gingen weit über das Springer-Imperium hinaus und förderten die Denunziation, die Kanzlerin und ihr Team ließen sich nur von den übervorsichtigen, ihnen genehmen Experten beraten. Damit müsse Schluss sein! Und damit ist jetzt auch Schluss.

Clemens Fuest vom reaktionären Ifo-Institut und zeitweise der Repräsentant von No Covid[23] erkennt die Zeichen der Zeit und rudert, die noch kürzlich vorgebrachten Postulate fälschend, zurück. No Covid, so Fuest in einem Gastbeitrag in der »FAZ«, sei nur gegen »Lockerungen ohne weitere Vorkehrungen« gerichtet gewesen. Wo getestet werde, sei Präsenzunterricht möglich, »das gleiche gilt für Einkaufszentren oder ganze Fußgängerzonen« und auch für »flächendeckende Öffnungen« aller Art. Es gehe seiner Initiative nicht um Verlängern oder gar Verschärfen, »bis das Virus verschwindet«, denn »No Covid ist eine Öffnungsstrategie«.

Die Regierung müht sich, gegen wachsendes Gequengel bezüglich verschlafener Impfstoffbeschaffung, organisatorischer Fehlleistungen, nicht unmittelbar realisierter Ankündigungen und skandalträchtiger individueller Bereicherungen (dazu weiter unten mehr), die Lockerungen als verantwortbaren (wenn alle sich an die Regeln halten!), durch Tests und Impfquo-

23 Siehe dazu das Kapitel »Die Konstruktiven«, Seite 109.

te abgesicherten, sogar mit einer Notbremse versehenen Weg darzustellen. Jede Woche werde so das Leben etwas besser, und das ganz große Glück – die Normalität – sei in wenigen Monaten erreicht.

Kanzleramtsminister Helge Braun im Interview mit dem »Hamburger Abendblatt« vom 6. März: »Wenn wir jedem Deutschen ein Impfangebot gemacht haben, dann können wir zur Normalität in allen Bereichen zurückkehren (…), dann kehren wir in vollem Umfang zur Normalität zurück. Und alle Einschränkungen fallen.« Wann? »Im Sommer – unter zwei Bedingungen: Die Impfhersteller halten ihre Lieferversprechen ein. Und es taucht keine neue Mutante auf, die den ganzen Impferfolg in Frage stellt.« Bis zu diesen paradiesischen Verhältnissen verwirklicht sich die Glückseligkeit im »Zwischenstadium zur Normalität« mit seinen »Freiheitsrechten für Geimpfte, Genesene und aktuell Getestete«. Zahlreiche Experten stützen diese Prognose, der Ärztepräsident Klaus Reinhardt, um einen herauszugreifen, steuert im »Hamburger Abendblatt« am 8. März bei, ab jetzt werde die »Zahl der Neuinfektionen sukzessive zurückgehen«. So wird es nicht kommen!

Ich habe weiter oben dargelegt, warum ich von überbordender, katastrophischer, apokalyptischer linker Prognostik eine schlechte Meinung habe. Sie bedient Angstlust und verschleiert den Zusammenhang, dass es an der Gesellschaft liegt, welche Zahl von schwer Erkrankten und Toten sie für akzeptabel, für einen bezahlbaren Preis für Freiheit, Wohlstand und Vergnügen erachtet. Ich halte mich – im bürgerlichen Lager – an jene, deren Analysen und Prognosen sich bisher als (überwiegend) wahr herausgestellt haben, und bin bei jenen Linken, die die Entwarnungsorgien denunzieren.

Michael Meyer-Hermann vom Helmholtz-Zentrum, dessen Berechnungen aus dem Dezember präzise eintrafen, hatte schon vor dem 3. März, als die Durchschlagskraft der Mutationen in Flensburg demonstriert wurde, ein unausweichliches »expotentielles Wachstum« für unverhinderbar erklärt, denn »die aktuellen Maßnahmen reichen nicht, um diese Entwicklung auszubremsen«. Dirk Brockmann, der Mobilitätsexperte des Robert-Koch-Instituts, erklärt im Interview mit dem Nachrichtenportal T-Online noch einmal, dass »das Einmaleins dieser Pandemie besagt: Lockerungen werden das Infektionsgeschehen beschleunigen, die Fallzahlen erhöhen. Alles andere halte ich für ausgeschlossen (…). Auf welches Pferd Deutschland setzt, ist mir nicht ganz klar. Glück vielleicht (!). Es ist doch offensichtlich, dass durch die Öffnungen der Anstieg der Fälle durch die zunehmende Dominanz der B.1.1.7-Variante noch verstärkt wird. Welcher Teil der Lockerungen begleitenden Maßnahmen dem entgegenstehen soll, kann ich nicht erkennen.«

Die wahrlich nicht zum Katastrophischen neigende Deutsche Interdisziplinäre Vereinigung für Intensiv- und Notfallmedizin warnt, »bei realistischer Einschätzung des Impftempos« werde die Zahl der Corona-Intensivpatienten von 2.800 Anfang März auf 4.000 im Mai und 6.000 im Juni ansteigen. Da von den Intensivpatienten 30 Prozent, von den künstlich Beatmeten 50 Prozent sterben würden, könnte die tägliche Zahl der Toten ab Mai wieder über 1.000 liegen.[24]

Und immer mal wieder lohnt ein Blick in das Interview mit Melanie Brinkmann, auch wenn es die allerneuesten Entwicklungen nicht berücksichtigt, weil es schon Anfang Februar im »Spiegel« erschien. Lockerungen bei einer Inzidenz von knapp unter 50 hält sie für »fatal«, durch die Mutante aus Großbritannien habe »das Virus einen Raketenantrieb« bekommen, selbst wenn es nur um 30 Prozent infektiöser sein sollte, »haben wir eigentlich eine ganz neue Pandemie, draufgesattelt auf die bisherige«. Selbst wenn bis vor Ostern die über 80jährigen geimpft sein sollten, »dann würde das Virus durch die jüngeren, bis dahin noch nicht geimpften Altersgruppen rauschen (...) und das mit einer Wucht, die man sich gar nicht vorstellen kann«. Mit der Zahl der Infizierten steige zugleich »das Risiko, dass Varianten auftauchen könnten, gegen die Impfstoffe schlechter wirken«. Bei komplettem Verzicht auf alle Restriktionen (was so drastisch nicht einmal die FDP plant, sondern nur die Hygiene-Demonstranten) würden »180.000 Menschen unter 60 Jahren das nächste Frühjahr nicht erleben«.

24 »Tagesspiegel«, 5. März 2021.

Letzte Meldung (zum Redaktionsschluss)

Was kürzlich noch als Widerspruch gegen die Mehrheitsmeinung gelten konnte, ist heute eine Selbstverständlichkeit: Die dritte Welle nimmt ihren Lauf. Ein schlichter Blick nach Frankreich oder Italien hat ihre Vorhersage – eigentlich – unumgänglich gemacht. Selbst wer sich allzu präzise Prognostik verbietet, wer sich enthält bei der Frage, ob die sich rasend schnell durchsetzende britische Variante um 30 oder 50 Prozent ansteckender sei, weiß: Sie beschleunigt das Infektionsgeschehen, und sie löst schwerere Krankheitsverläufe aus, auch bei Jüngeren. Die Wahrscheinlichkeit, dass sich Mutanten entwickeln, gegen die kein heute verfügbarer Impfstoff wirkt, steigt.

In der öffentlichen Debatte gilt eine Inzidenz von über 300 für Deutschland – mit allem, was das für die weit über dem Schnitt liegenden Krisengebiete bedeutet – nicht mehr als abwegige Prognose. Irreal und lächerlich mutet der Stufenplan von Bundesregierung und Ministerpräsidenten an, der so übersichtlich auf einer DIN-A4-Seite die Lockerungen bei Inzidenzen von unter 50 und unter 100 akribisch auflistet. In Brandenburg ist längst, die »Notbremse« missachtend, beschlossen, dass alle Öffnungen auch bei einer Inzidenz von bis zu 200 durchgepaukt werden. Bürgermeister aus Käffern im Erzgebirge und aus großen Städten wie Köln, sich nicht zu Unrecht auf ihre Wählerbasis berufend, fordern, die »Notbremse« zu streichen. Gerade höre ich im Radio, irgendein stellvertretender Ministerpräsident Niedersachsens will die Hotels und Pensionen – mit ihren angeblich vorbildlichen Hygienekonzepten – zu Ostern öffnen und mit 60 Prozent Auslastung beglükken. Das ist die Tendenz, sie war programmiert im Beschluss vom 3. März. Im Rahmen dieser Tendenz wird neu verhandelt, wer als vorsichtig gilt und wer als zu risikobereit.

Es fällt mir schwer, meine negativen Erwartungen zu zügeln. Wahrscheinlich habe ich zu viel über die Situation in Tschechien gelesen, über die Selbstverständlichkeit der dort alltäglichen Triage. Ebenfalls beunruhigend sind Berichte aus Brasilien (wie viele dort wohl wirklich krepieren, wenn schon die offizielle Statistik, die die einfach Verscharrten bekanntlich nicht zählt, 2.500 Tote täglich meldet?), denen zufolge Menschen, die

die Infektion schon hinter sich hatten und sich also »in Sicherheit« glaubten, den neuen Mutanten schutzlos ausgeliefert sind. Ich prognostiziere so etwas nicht für Deutschland, es handelt sich nur um das Eingeständnis meiner Angst.

Wahrscheinlich, hoffentlich wird durch die Impfung der sehr Alten die Zahl der Toten reduziert. Was als Katastrophe angesehen wird, liegt im Ermessen der Gesellschaft. Eine Zahl von 1.000 Toten etwa muss die Gesellschaft nicht aus dem Tritt bringen. Wahrscheinlich wird die Staatspolitik das Ausbalancieren fortführen, also die Zahl von schwer Erkrankten und Toten in Relation zu den ökonomischen Notwendigkeiten einer kapitalistischen Wirtschaftsweise und »unserer Art zu leben« zu setzen. Sie wird – mutmaßlich – Momente von Skrupeln, Mitleid und erst recht der Solidarität mit den »Risikogruppen« tilgen. Die Gesellschaft wird sich durch die akzeptierte Gleichzeitigkeit von Lockerungen und Übersterblichkeit brutalisieren.

Das zugehörige politische Klima ist quengelig, unzufrieden, verdrossen. Versäumnisse, uneingelöste Zusagen, organisatorische Mängel werden personalisiert, und aus Politikern, die noch kürzlich ganz unangemessen vergöttert wurden, werden Versager. Jens Spahn, eben noch hofiert als der geniale Macher, dem, hätte er sich im Team von Laschet nicht zum zweiten Mann degradieren lassen, CDU-Vorsitz und Kanzlerschaft gebührten, ist nun die Niete in Nadelstreifen schlechthin.

Mit Schaum vor dem Mund, stilistisch dem Wutbürger nicht unähnlich, poltert der mit zahlreichen Preisen des journalistischen Betriebs behangene Dirk Kurbjuweit im »Spiegel«: »Merkels Gesamtbilanz als Kanzlerin ist verdorben«, »Jens Spahn steht noch schlechter da«. Er ist »der Lage persönlich nicht gewachsen«, »gehört nicht mehr ins Amt«. Das Land »wird derzeit grottenschlecht regiert«, »der Staat versagt«, und man frage sich: »Ist das wirklich noch Deutschland«, mit einer Kanzlerin, die »nachlässiger als Trump in einer überlebenswichtigen Frage« agiert und der anzukreiden ist, dass »Israel, die USA, Großbritannien und andere weit vorausgeeilt sind«?

Manche Feststellung von Versäumnissen mag richtig sein (sie werden ja auch in diesem Buch immer mal wieder angeführt, bezüglich des Testens zum Beispiel), aber nichts, gar nichts verbindet linke Kritik mit der allgegenwärtigen Klage, Deutschland verfüge über weniger Impfstoff als Israel, die USA oder Großbritannien. Na und! Das bedauert die Herrschaft doch selbst, da ist sie selbstkritisch. Wen wohlstandschauvinistische Allüren anekeln, wer noch einen Begriff davon hat, in welchen armen Regionen der Welt noch kein oder sehr wenig Impfstoff vorhanden ist, obwohl die sozialen Verhältnisse ihn dort am dringendsten erforderlich machen, muss auf Distanz gehen zum Vorwurf, Deutschland habe seine ökonomische Potenz nicht frühzeitig und – koste es, was es wolle – in die Waagschale geworfen. Deutschland habe auf die armen Schlucker in der EU zu viel Rücksicht genommen; Deutschland, dessen einzigartig effektive Verwaltung einst weltweit Bewunderung erfahren haben soll, wie sein Erfindergeist, seine Ingenieurskunst, sein Organisationstalent, das um seine Exportüberschüsse beneidet wird und also Weltspitze und weltmeisterlich zu sein sich dünkt – ist das nun ausnahmsweise mal nicht. Wie schön.

Eine Erfahrung ist den Deutschen noch im Gedächtnis: Ihr Staat hat, wie man so sagt und dabei die in- wie ausländischen Opfer vergisst, die ökonomische Krise des Jahres 2008 souverän, mit Kurzarbeitergeld, Abwrackprämie und garantierten Spareinlagen, gelöst, ist aus ihr »gestärkt hervorgegangen«, zügig zurückgekehrt in die Normalität. Dass sich das so nicht wiederholen lässt, dass die Staatspolitik zwischen Restriktionen und Lockerungen um der Akkumulation willen changieren muss, führt zu skurrilen, zornigen, verbitterten Entladungen.

Ein paar Abgeordnete von CDU und CSU haben sich ein paar 100.000 Euro abgezweigt, haben sich bereichert in einer Gesellschaft, die vom konkurrenzhaften Streben nach Bereicherung strukturiert ist. Die nationale Gemeinschaft zeigt sich erschüttert, wankt, wenn ihr verlogenes Ideal des über den Klassen stehenden Staates, der in selbstlosen und dem Gemeinwohl verpflichteten Abgeordneten und Beamten – da kommt noch einiges! – sich verkörpern soll, sich blamiert. Kommentatoren sehen Ämter und Parteien beschädigt, das Vertrauen in die Demokratie stehe auf dem Spiel, NGOs der Korruptionsbekämpfung, der Lobbykontrolle und so weiter haben ihren großen Auftritt, und alle wissen, dass es kommt, wie immer in solchen Fällen: »Schonungslose Aufklärung« nebst parlamentarischem Untersuchungsausschuss werden die Wirksamkeit der »Selbstreinigungskräfte der Demokratie« unter Beweis stellen. Selten war eine Erinnerung an Brechts Vergleich eines Bankraubs mit der Gründung einer Bank angebrachter – oder an die so zutreffende Bemerkung Hermann L. Gremlizas: »Feldzüge gegen Korruption richten sich gegen Personen oder Gruppen, deren Macht nicht ausreicht, die Art ihres Gelderwerbs in den Sittenkodex der Gesellschaft schreiben zu lassen. Wer als Geschäftsführer oder Aktionär zum Geld kommt, weil seine Firma Waffen an eine regierende Mörderbande liefert, ist ein ehrbarer Kaufmann.«[25]

Wenn die Gesellschaft so verfasst ist, dass sie eine ihr innewohnende Notwendigkeit oder Gesetzmäßigkeit nicht verstehen darf, kann und will – die Nachrangigkeit von Gesundheit gegenüber den Erfordernissen der Ökonomie –, dann verschafft sie sich Entlastung, sogar Glücksgefühle, wenn sie das Strukturelle zu persönlicher Unfähigkeit, moralischer Unzulänglichkeit der Individuen, eben zur »Machenschaft« verkleinert. Ein Lehrstück in dieser Hinsicht war der Niedergang der produktiv unterlegenen Industrie der DDR (und Osteuropas), der unverhinderbar war und zur Machenschaft von Treuhand, Seilschaften und finsteren Gestalten miniaturisiert wurde. Die Machenschaften gab es zweifellos, aber ihre Enthüllung war zugleich Schranke der Erkenntnis von Ursachen. Vieles erinnert heute an diesen Modus.

Das törichte Wort, dem zufolge Zeiten des Ausnahmezustands Zeiten der Exekutive seien, also den Regierenden quasi automatisch ein Bonus zufalle, hat sich erledigt. Ob und in welchem Ausmaß es zu Verschiebungen im (partei)politischen Gefüge kommen wird, vermag ich nicht vorherzusagen. Weder in die Emotionen von Stamm- noch in die von Wechselwählern vermag ich mich einzufühlen, weil diese und jene halt Deutsche sind. Der elende Berufsstand der Parteienforscher kann das auch nicht und hält sich deshalb an die goldene Regel, Wahlsiegern Charisma zu attestieren (wie gerade in Baden-Württemberg und Rheinland-Pfalz geschehen) und bei Verlierern Profillosigkeit und Gegenwind aus Berlin zu unterstellen. Die Parteienforscher tragen zum glücklichen Gefühl bei, lösbare Probleme zu lösen; sie beruhigen, wie all die Fernsehkommissare in den Kriminalfilmen, die trotz aller Hindernisse zum Schluss den Fall gelöst und die Täter dingfest gemacht haben – Problemlösungskompetenz eben.

Festlegen, dass die (partei)politischen Verwerfungen nicht das Maß einer als spannend bezeichneten und also langweiligen Ampelkoalition im Bund überschreiten, mag ich mich allerdings nicht. Kein Linker kann seriös prognostizieren, wie heftig ökonomische Verwerfungen, die auf die unteren Schichten durchschlagen müssen, ausfallen werden. 2008 ff. waren die Autoren, die notorisch den unweigerlichen Zusammenbruch kapitalistischer Mehrwertproduktion prognostizierten, am weitesten von der Wahrheit ent-

25 Hermann L. Gremliza: *Haupt- und Nebensätze* (**konkret**-Verlag)

fernt. Aber dass da einiges auf die Subalternen zukommt, allerlei Gürtel enger geschnallt werden müssen, steht felsenfest.

Gerade lese ich zum Beispiel, dass das Deutsche Institut für Wirtschaftsforschung (DIW) die Zahl der Zombie-Unternehmen, die nur noch existieren, weil die Insolvenzregeln ausgesetzt wurden, auf 5.000 schätzt. Sie zu liquidieren, was eine objektive Notwendigkeit ist, wird sowohl allerlei Skandalträchtiges (Subventionsbetrug, Korruption) ans Licht als auch manchen Lohnabhängigen in Arbeitslosigkeit bringen. 28 Prozent der »Arbeiter« haben in Baden-Württemberg die AfD gewählt. Wer die Gefahr, die hier längst nicht mehr nur schlummert, leugnet, verharmlost das faschistoide Potential der Deutschen. Es kann sich auch in neuer parteipolitischer Formation sammeln. Die Leugnung oder fatalistische Hinnahme des Virus und die Sehnsucht nach starkem Mann und starkem Staat ergänzen sich. Auch dies ist keine Prognose, nur eine Befürchtung.

Erbauliches zum Schluss will mir nicht einfallen.

Da eigentlich jeder weiß, dass die Ambition von Zero Covid, Aktivitäten gegen den Weiterbetrieb von »Fabriken, Büros, Baustellen, Schulen« zu initiieren, gescheitert ist, erschösse man einen toten Hund und erschiene rechthaberisch, würde man die Polemik verschärfen. Sie bescheinigen sich jetzt, dass die »Kampagne dem Kapital mehr Angst eingeflößt« habe, als ihre Kritiker auch nur geahnt hätten. Ansonsten blüht der akribische Fleiß, das heißt: Wenn man schon die gesellschaftlich-praktische Opposition nicht aufzubauen vermochte, wächst wenigstens die Zahl der Spiegelstriche und Unterpunkte im eigenen Stufenplan und der Nachweis seiner Finanzierbarkeit. So wird der dem Konstruktiven verpflichteten Vernunft eine Prise Wahnhaftes beigemischt. Lasst uns dennoch weiter disputieren.

Alle praktischen politischen Fragen, auch die Kontroversen zwischen den lautersten und mörderischsten Virologen, der warnenden politischen Positionierung und der den Tod vieler Menschen kühl kalkulierenden, siedeln unterhalb der Bedeutung des angeblichen »Rätsels des Virus«, das keines ist. Die »Ursachen«, schreibt Peer Heinelt in einer starken Abhandlung, sind »wenig rätselhaft: Sie liegen in der immer weiter fortschreitenden Inwertsetzung der Natur und der Kapitalisierung der landwirtschaftlichen Produktion.«[26]

Auch wenn das kein Sender sendet, wenn diese furchtbare Resilienz, die Anpassungsfähigkeit an das nun einmal Gegebene, so überwältigende Mehr-

---

26 Peer Heinelt: »Seuchenproduktion«, in **konkret 2/21.**

heiten beherrscht: Der negatorische Einspruch dagegen bleibt Kern jeder Flaschenpost, jeder gesellschaftskritischen Aufklärung ohne identifizierbaren Adressaten. Johannes Agnoli rät zu Geduld und Ironie. Selten war ein Text von mir so relativ frei von beidem. Tschuldigung!

Thomas Ebermann, 21. März 2021

Erziehung zur Verhärtung

Warum fahren die Lohnabhängigen in vollen Verkehrsmitteln zur Arbeit und setzen sich dort, neben allen Anstrengungen ihrer beruflichen Tätigkeiten, einer Gefährdung aus, die sie im Privatleben, wenn sie den staatlichen Anweisungen folgen, meiden? Eine einfache Frage, eine komplizierte Antwort: In einem langen historischen Prozess ist der Klasse der Lohnabhängigen unsägliches Leid zugefügt worden; sie haben sich, gezwungen von den materiellen Verhältnissen, unterworfen, um zu überleben, um nicht zu (ver)hungern, und sahen sich umgeben von objektiven Strukturen, konkreten Feinden und ideologischen Botschaften auch aus den »eigenen Reihen«, die eine Transformation des Fremdzwangs in Selbstzwang verlangten, eine Akzeptanz der Leben verkürzenden und vernichtenden Tortur, eine proletarische Selbstheroisierung, den Stolz, »das auszuhalten«, und eine Verachtung jener, die das nicht wollten oder konnten, als Schwächlinge und Drükkeberger, die bestraft gehören.

Die Gleichzeitigkeit, das In- und Miteinander der proletarischen Opfer und ihrer Täterschaft, ob in Form der Verachtung der Massenarbeiter durch die Facharbeiter, der Erniedrigung der Leiharbeiter durch die Stammbelegschaft,[27] des proletarischen Rassismus oder – in seiner dunkelsten Erscheinungsform – als gnadenlose Beaufsichtigung der als »Minderwertige« stigmatisierten Zwangsarbeiter im Nationalsozialismus: überall dieses nicht zu entwirrende Gleichzeitige, das sich in der proletarischen Forderung, den »faulen Griechen« ihr zu gutes Leben nicht durchgehen zu lassen, ebenso artikuliert wie in der Akzeptanz der Einrichtung der Welt als einer, in der ungeheure Mehrwertmassen aus den unterlegenen Regionen in die Metropolen geleitet werden.

Wolfgang Hien hat in seiner großen, von Empathie für die Geschundenen geprägten Studie *Die Arbeit des Körpers*[28] nachzuzeichnen versucht, wie und in welchen Etappen dieser menschheitsgeschichtliche Dressurakt vonstatten ging (und geht). Er schildert die frühen Höllen der Arbeitswelten. Er präsentiert die Zahlen der Toten und Frühinvaliden im Bergbau, die

---

27 Siehe hierzu Oliver Nachtwey: *Die Abstiegsgesellschaft. Über das Aufbegehren in der regressiven Moderne*. Suhrkamp 2016.

28 Wolfgang Hien: *Die Arbeit des Körpers. Von der Hochindustrialisierung bis zur neoliberalen Gegenwart*. Mandelbaum-Verlag 2018.

ungeheuren Todesraten in der Seefahrt, den Verschleiß des Menschenmaterials in der Stahlerzeugung, das Massenphänomen der Krebserkrankungen in der chemischen Industrie, den Lungenkrebs dort, wo mit Silber, Blei oder Uran hantiert wurde, das Elend der Textilarbeiterinnen sowie die mörderische Büroarbeit der Frauen.

Hien bebildert Zweck und also auch Grenzen der staatlichen Schutzmaßnahmen: »Es wurde immer nur so viel Schutz durchgesetzt, wie es den herrschenden ökonomischen und politischen Eliten bevölkerungspolitisch opportun war.« Die Ärzteschaft (von Außenseitern abgesehen), stramm an der Seite der Industrie, unterstellte den Betroffenen eine »genetische Disposition«, also ererbte Unzulänglichkeit, und der Chemieindustrie gelang selbstverständlich, »die Mehrheit der toxikologischen, arbeitsmedizinischen und epidemiologischen Fachgemeinschaft für ihre Interessen einzuspannen«. – »Lange vor 1933 machte die Mehrzahl der Arbeitsmediziner im Einklang mit Erbbiologie, Sozialhygiene, Psychotechnik und Wirtschaftsliberalismus keinen Hehl daraus, dass etwa ein Drittel der Bevölkerung als wertlos oder gar überflüssig und als sozial schädlich gelte und daher mittels biopolitischer Interventionen ›ausgemerzt‹ werden müsse.«

In dieser Logik lag die komplizenhafte Absicht der »arischen« Ärzte, »die Differenz zwischen Lebensalter und Leistungsalter so weit wie irgendmöglich zu verkleinern«. Das implizierte durchaus Pflege der Ware Arbeitskraft, der das Überleben unter den Bedingungen der Tortur bescheinigt wurde. »In fast unheimlicher Weise waren sich Deutsche Arbeitsfront und Ärzteschaft (...) darin einig, die Leistungsfähigkeit des arbeitenden Menschen bis zu seinem 70. Lebensjahr auszudehnen.« Nach einem derart »erfüllten Leben«, wie der wohlklingende Begriff für die Leistungsauspressung lautet, war es Zeit, unter die Erde zu kommen, um so der Volkswirtschaft einen letzten Dienst zu erweisen.

Was Mitgefühl erzeugt, wird konterkariert durch die Tatsache, dass (die Rede ist vom VW-Werk in Wolfsburg mit seinen 10.000 Zwangsarbeitern) »der größte Teil der deutschsprachigen Belegschaft vor Brutalität nicht zurückschreckt« und sich an den Prügelorgien gegen russische Zwangsarbeiter, die sich Essensreste aus den Kübeln kratzen wollten, beteiligte. Seither ist der Kritischen Theorie der Gesellschaft verboten, im Proletariat das revolutionäre Subjekt zu identifizieren. Was bleibt, ist die Feststellung der Tatsachen – mit der zentralen Konsequenz, sich an den beschönigenden Worten über die Zeit der regulierten Arbeitsverhältnisse und des »Wirtschaftswunders« (»Aufstiegsgesellschaft«, »Goldenes Zeitalter des Kapitalismus«) nicht zu beteiligen.

Im Wissen, dass Deutschland nicht »in Schutt und Asche lag«, dass große Industriepotentiale intakt blieben, dass das Auspressen der Zwangsarbeiter eine Bedingung des Wiederaufstiegs Deutschlands war und der Krieg doch noch gewonnen wurde, muss zugleich festgestellt werden, auf wessen Knochen und wessen Verschleiß dieser Aufstieg auch basierte. Die Zahl der tödlichen Arbeitsunfälle stieg 1960 in Westdeutschland auf mehr als 5.000. »Ein Drittel der Erwerbstätigen verstarb vor dem Erreichen der Rentengrenze, mehr als ein Drittel wurde frühinvalide, und weniger als ein Drittel – und das waren fast nur höhere Angestelltenberufe – erreichte halbwegs gesund das gesetzliche Rentenalter.«

Allen süßlichen Bildern zum Trotz, die bis heute die Retrospektiven zieren, wenn die Bundesrepublik einen runden Geburtstag begeht und also Ludwig Erhard gefeiert wird (bis weit in die Linke), hatten die Frauen (um 1960 stellten sie neun von 24 Millionen der Erwerbstätigen) kaum einen Grund, das Verlassen ihrer ehemals »angestammten Plätze« im Heim und am Herd als die von August Bebel (nicht ganz zu Unrecht) so bezeichnete »Emanzipation« zu empfinden. »Millionen von jungen Frauen gerieten in einen Zustand von Dauererschöpfung und Verzweiflung.« Mit dem zynischen Ziel, Sozialtechniken zur Bewältigung des Unbewältigbaren zu ersinnen, stellten zeitgenössische Studien fest: »Ermüdung, gar restlose Erschöpfung, Kopf-, Rükken-, Fußschmerzen, Sehnenscheidenentzündungen, Übelkeit und Schwindel waren bei vielen die Reaktion auf Arbeitstempo und Tagesarbeitsdauer, auf das ständige Stehen, die Monotonie der Verrichtungen, auf Lärm, Hitze, Staub, Gestank.«

Ohne weitere Beispiele erlaube ich mir die Bilanz: Das sogenannte Wirtschaftswunder war auf der Verachtung des (angeblichen) menschlichen Grundrechts auf Leben und körperliche Unversehrtheit gebaut. »Arbeiter und Arbeiterinnen an die Normalität der Gesundheitszerstörung zu gewöhnen, gehörte in allen Industrienationen lange zum Kernbestand der Arbeitserziehung.« Und dieses Erziehungsziel fällt – bis heute – auf durch die Arbeiterbewegung und ihre Theoretiker fruchtbar gemachten Boden.

Zwei historische Streiflichter:

1. »Die Sozialdemokratie klammerte sich an die Hoffnung des technischen Fortschritts, als könnte durch ihn die schwere und schädliche Arbeit abgeschafft und die Entfremdung überwunden werden«, schreibt Wolfgang

Hien und bemerkt an anderer Stelle, dass dieser Irrweg kein Alleinstellungsmerkmal des Reformismus war: »Auch Theoretiker/innen wie Rosa Luxemburg oder Antonio Gramsci konnten sich ein fundamental anderes Modell von Arbeit und Produktion nicht vorstellen.«

Die feindselige Positionierung gegen Menschen, die – ihre frühere Tätigkeit mit der Fabrikdespotie vergleichend – »maschinenstürmerisch« rebellierten, eint den Reformismus mit der revolutionären Ambition der Abschaffung des Privateigentums an Produktionsmitteln.[29] Im Namen der konsumtiven Möglichkeiten und unter Verweis auf die ein gutes Leben (noch!) verunmöglichende Unreife der Produktivkräfte empfingen Taylorismus und Akkordsysteme ihre »linke« Legitimation.

Die Helden der proletarischen und revolutionär-proletarischen Romane waren starke Männer (die selbstverständlich mangelnden Arbeitsschutz anprangerten), während der auch politisch unreife »schwankende Kleinbürger« Probleme mit Pünktlichkeit, Stechuhr und Arbeitsanforderungen hatte. Die sozialistische Jugendbewegung Wiens übernahm in ihr Liederbuch die Zeile »Schmiedet die Müßiggänger an die Galeere der Schande!«, und im Arbeitersport war man »frisch, frei, stark und treu«, also voller Manneskraft und ohne Kranke, Behinderte und Alte unterwegs.

2. »Auch viele Vertreter aus dem Bund sozialistischer Ärzte«, schreibt Hien, waren – bei allem sozialen Engagement – »infiziert von naturwissenschaftsgläubigem, biologistischem und eugenischem Gedankengut.« Ich habe schon auf die Arbeit von Peter Bierl zu diesem Thema hingewiesen und will an dieser Stelle nur eine philosophische Stimme zugunsten der Zucht vorzüglichen Menschenmaterials anfügen. Es ist die von Ernst Bloch (von dem ich insgesamt eine deutlich schlechtere Meinung habe als Wolfgang Hien): »Alles spricht dafür, auch auf dem Wege organischer Züchtung die Aggressionstriebe zu reduzieren, die sozialen zu befördern; so wie der Nährwert des Getreides, die Süßigkeit der Kirschen gesteigert worden ist.« Erforderlich sei die Kühnheit, »den Leib vor der Geburt bereits in seinen Anlagen richten zu wollen, gleichsinnig mit der Zeit, wie man eine Uhr richtet«.[30] Dass der zur süßen Kirsche manipulierte Mensch den Müßiggang verachtet, steht außer Frage.

---

29 Siehe hierzu recht ausführlich Thomas Ebermann / Rainer Trampert: *Die Zukunft der Grünen. Ein realistisches Konzept für eine radikale Partei*. Konkret-Literatur-Verlag 1984.

30 Genaueres in Thomas Ebermann: *Linke Heimatliebe. Eine Entwurzelung*. **konkret texte 75**.

Ohne zu leugnen, dass die tatsächliche oder scheinbare Unentrinnbarkeit der Lebenssituation, in der man steckt, Produzentin ihrer Beschönigung ist – sozusagen überlebensnotwendiger Selbstbetrug – sei doch festgestellt, dass hier auch eine kulthafte Selbstverhärtung stattfindet. »Dass gerade die Gesundheitsschäden selbst wie ein Orden wirkten, der geschädigten und ansonsten subordinierten Menschen Anerkennung und Selbstwert verlieh«, wurde oft beobachtet (und die »Bildzeitung« wirbt für sich gerade mit einer großen Kampagne, in der sie ihre »Anerkennung« für die hart Arbeitenden ausdrückt: »Für alle, die Verantwortung übernehmen und immer da sind. Die sich immer kümmern, aber niemals fordern. Für Euch. Bild«).

»Das Aufs-Spiel-Setzen der Gesundheit war selbst eine Dimension der Arbeit – ein für männliche Arbeitskulturen charakteristisches Muster ... Solidarität ist aufgebaut auf Verschleiß. Verhalten die Arbeitenden sich gesundheitsgefährdend, ist ihnen die Anerkennung der Anderen sicher ... Die eigene Gesundheit zu schützen, führt in dieser Kultur dazu, als Schwächling dazustehen, als Außenseiter.«

Da ich selbst einige Jahre als Arbeiter in der chemischen Industrie malocht habe, fallen mir unzählige Beispiele des hier pauschal Angesprochenen ein – nur eins: Ich habe lange im Drei-Schichten-System alle 17 Sekunden den Leinen von Turnschuhen auf einen Leisten gebunden, der dann in eine Form tauchte, in der die Plastikmasse für Sohle und Kappe gespritzt wurde; eine Arbeit, von der man in den ersten Tagen glaubt, dem geforderten Tempo nie und nimmer gewachsen zu sein, bis man nach gewisser Zeit so sehr (Teil der) Maschine wird, dass man drei Sekunden »Pause« zwischen den Turnschuhen rausholt. Steckt man in solchen Verhältnissen, erscheint der keineswegs leichte Job des Vorarbeiters, der ihn nicht an die Maschine fesselt, wie ein erstrebenswertes Privileg.

Millionen proletarischer Schicksale sind von der Tatsache geprägt, dass der Aufstieg zum Kolonnenführer, Vorarbeiter oder Betriebsmeister die »Tugenden« von »Härte, Schnelligkeit, Durchsetzungskraft, Rücksichtslosigkeit und hinreichende Ergebenheit gegenüber den Leitungspersonen« zur Voraussetzung hat. Und wo wir gerade dabei sind, auf Fragmentierungen und damit verbundene Hässlichkeiten hinzuweisen: Die technologisch unterfütterte Aufwertung der industriellen Facharbeit, die sich ja wirklich oft nicht mehr schmutzig macht, hat zum Gefühl, der »neuen Mittelschicht« anzugehören, massiv beigetragen. »Nach und nach machte sich bei Facharbeitern eine Abgrenzung nach unten breit. Körperliche und schwere Arbeit wurde und wird von ihnen mit sozialen Schichten und Milieus assoziiert, denen es an Qualifikation, Intelligenz, Disziplin, Durchhaltevermögen und Bereitschaft mangelt, sich anzupassen, einzuordnen und unterzuordnen.«

Das Versprechen der Humanisierung der Arbeit ist Ideologie, ist eine Lüge. Dies festzustellen heißt nicht, Veränderungen zu bestreiten. Legt man allen Blödsinn, nach dem der Menschheit die Arbeit ausgehe, beiseite, dann bleibt, dass toxisch extrem belastete Arbeit massenhaft in Schwellenländer ausgelagert wurde und auch lebensgefährliches Arbeiten in den Metropolen zum Teil von Maschinen bewerkstelligt wird. Ganze Branchen gelten für eingeborene »Arier« als mehr oder weniger unzumutbar, wie wir an den Arbeitern der Fleischindustrie, den »Erntehelfern« und den Arbeiterinnen in den halb- oder illegalen Tätigkeiten in der häuslichen Pflege sehen. Klammert man unter anderem diese nicht aus, so ist die Frage, ob sich die absolute Zahl körperlich arbeitender Menschen in den Industrienationen verringert hat, oder in welch geringem Umfang das geschah: »Mehr als die Hälfte aller Erwerbstätigen in Deutschland und Österreich arbeiten unter körperlich harten Bedingungen, erleben einen massiven Gesundheitsverschleiß und unterliegen einer Tendenz der psychischen Verelendung.«

Man kann die große Studie *Ein halbes Leben*[31] zur Hand nehmen, in der Menschen interviewt werden, die seit mindestens 20 Jahren im selben Betrieb arbeiten – und lesen, wie sie, nicht selten die vergangenen Zeiten unangemessen romantisierend, beschreiben, welche Verdichtung ihre Arbeit erfahren hat; wie und wann die Nischen, die Möglichkeiten, ein Schwätzchen zu halten, aus ihr getilgt wurden. Oft reicht auch, wenn man nicht selbst in der Mühle steckt, bloßes Erinnern: an den Paketboten beispielsweise, der noch die Zeit hatte zu plaudern und am Kiosk um die Ecke sein Bierchen trank. Auch die bloße Beobachtung der Frau an der Supermarktkasse oder ihrer Regale auffüllenden Kollegen genügt, um festzustellen, was Menschen hier angetan wird, was zu akzeptieren sie gelernt haben. Die heute selbstverständlich gewordene Verlängerung der Öffnungszeiten bei Supermärkten bis tief in die Nacht hat die Schichtarbeit ausgeweitet, mit allen – bekannten – gesundheitlichen Konsequenzen, die besonders ausgeprägt sind bei den vier Millionen Lohnabhängigen, die sich in Nachtschichten ruinieren.

---

31 Franz Schultheis / Berthold Vogel / Michael Gemperle (Hg.): *Ein halbes Leben. Biografische Zeugnisse aus einer Arbeitswelt im Umbruch.* UVK 2010.

Selbst dort, wo der Lohn beträchtliche konsumtive Möglichkeiten gestattet, bei den Stammbelegschaften der Automobilindustrie etwa, die gegenüber den Leiharbeitern in der Minderheit sind, wird knüppelhart, monoton und überanstrengend malocht. Die demonstrative Abwertung der Leiharbeiter verbindet sich, in Formen der Gruppenarbeit, mit der Tyrannei gegen jene, die dem Tempo nicht gewachsen sind. Auch in den gehobenen Schichten der Lohnarbeit spielen sich Dramen ab. Allein die Suche nach der Balance – einerseits den Eindruck zu vermitteln, man schaffe das geforderte Arbeitspensum, andererseits, geheimniskrämerisch vor den Kollegen, Arbeit mit nach Hause zu nehmen, um die Anforderungen zu bewältigen, prägt den Alltag ungezählter Gutbezahlter.

In den Höllen der Selbstoptimierer, wo der »ganze Mensch« in Beschlag genommen und das *positive thinking* zur Selbstverständlichkeit wird, hält man mit den bekannten Mittelchen plus Fitnessstrapazen in der Freizeit, die keine ist, durch – häufig bis zum Zusammenbruch, der bekanntlich in diesem Milieu Burnout heißt. Neben der Arbeitsbelastung sind das zwangsläufige Scheitern an den selbstgesetzten und von der Beratungsliteratur oktroyierten Karrierezielen des unternehmerischen Selbst – man müsse sich nur anstrengen, um alles zu erreichen – Grund für so manche Depression.

Die Selbstverhärtung, die in diesen Segmenten anzutreffen ist, wird auch in den sozialdarwinistischen Aggressionen gegen Arbeitslose und jene, die sich sozial-hierarchisch ein paar Stufen tiefer mühen, sichtbar. Das Ausmaß des Mobbings, dieses echten Massensports, gibt Auskunft über die Degradierung von Menschen zu Humankapital.

»Wir leben in einer Gesellschaft von manifesten Irren«, sagt Klaus Theweleit, um die Desintegration als Voraussetzung der Menschwerdung zu betonen. »Wir scheitern am Erfolgszwang, und die Kategorie des Erfolgs macht uns verrückt«, ergänzt Wolfgang Hien. Und es ist eben ein Erfolgsversprechen, das noch dem ärmsten Schlucker unter den Prekären aufgedrängt wird, wenn er sich, sagen wir, zur »digitalen Boheme« zählt, die Festanstellung als Unfreiheit verachtet – und vor nun schon über zehn Jahren Holm Friebe und Sascha Lobo[32] glaubte, er werde schon vom »Powerseller« bei Ebay zum hochbezahlten Kreativen aufsteigen.

---

32 Holm Friebe / Sascha Lobo: *Wir nennen es Arbeit. Die digitale Bohème oder Intelligentes Leben jenseits der Festanstellung*. Heyne 2006.

Kleines Fazit: Der kapitalistischen Weise des Produzierens und Dienstleistens wohnt die Entsagung, die Selbstaufgabe, das Nicht-auf-seine-Kosten-Kommen untrennbar inne. Sie sind genauso zwangsläufig, wie es selbstverständlich ist, dass mit Erreichen des Arbeitsplatzes der sonst so gefeierte Begriff der »demokratischen Streitkultur« erlischt und den Vorgaben des Arbeitspensums und den Anordnungen der Vorgesetzten Folge zu leisten ist.

Die Missachtung des eigenen Wohlbefindens wie der eigenen Gesundheit – beziehungsweise die Gleichsetzung von Funktionstüchtigkeit und Gesundheit – ist konstitutiv. Sie hat die Teilnahme am Berufsleben zur Voraussetzung. Das muss Auswirkungen haben auf die Haltung zum Virus, das einen weder »garantiert« erwischt noch »garantiert« zu schwerer Erkrankung und Tod führt. Es kann glimpflich verlaufen, diese Chance ist größer als jene des Fliesenlegers auf einen unbeschädigten Rücken oder der Schreibkraft am Bildschirm auf gesunde Augen oder des Heavy-Metal-Musikers, noch im Alter die Vögel zwitschern zu hören. Risikogesellschaft eben, akzeptierte Risikogesellschaft.

Das Bescheidwissen darüber, dass es die Alten und Behinderten, die Obdachlosen und Ausgespuckten ohnehin häufiger trifft, tut das Übrige; es spiegelt die Verachtung für die Leistungsschwachen.

Da die Kritische Theorie der Gesellschaft eingesteht, in Ermangelung der Potentiale, die mit der Transformation des Proletariats zu »den kleinen Leuten« verschwunden sind, keinen Weg vom bestehenden Falschen zum möglichen Besseren zu kennen, kann sie nur negativ sein. Hoffend, aber ohne Zuversicht, dass Scham und Ekel vor der trostlosen eigenen Existenz einen größeren Teil der Gesellschaft infiziert. Dass eine Portion mehr »großer Verweigerung« vorhanden sei. Das ist kein Argument gegen Positionierungen im Handgemenge, die an anderer Stelle dieses Buches reichlich artikuliert wurden.

Wolfgang Hien, um ihn ein letztes Mal zu zitieren, flüchtet sich zum Schluss in eine hoffnungsfrohe Prognose: »In den Auseinandersetzungen um Erhalt der Lebensbedingungen, um ein menschenwürdiges Leben, um körperliche und geistige Gesundheit, um bessere Bedingungen, menschliche Potentiale zu entfalten, fügen sich verschiedene Aspekte einer kollektiven Leibkörperlichkeit zu einer Kraft zusammen, die die Grenzen des Systems zu sprengen ermöglicht.« Manchmal zitiert er auch Lyrisches, beispielsweise Arundhati Roy: »Eine andere Welt ist nicht unmöglich, sie ist bereits auf dem Wege, und wenn man an einem stillen Tag sehr genau hinhört, kann man sie atmen hören.«

Ich bin ein wenig müde, zugegeben, solchem (Zwangs)Optimismus zu widersprechen. Schnell ist der Verdacht geäußert, man würde den Wünschen der Autoren nicht zustimmen, habe schlechte Ohren und höre die revolutionäre Geschichte nicht atmen. Man habe es sich in der Resignation bequem gemacht. Das trifft nicht zu. Ich halte nur nichts von agitatorischen Phrasen, die den Dreschenden erhöhen und sein Publikum entzücken sollen.

Die Konstruktiven

Der Aufruf der Initiative Zero Covid protestiert gegen die Fortsetzung einer Politik, die eine ungeheure Zahl an Toten und Erkrankten durch Covid-19 hinnimmt. Er kritisiert ein »Scheitern der Strategie«, die Pandemie zu kontrollieren, und fordert, dass Lockerungen erst dann in Erwägung gezogen werden, wenn die Zahl der Neuinfektionen gegen null tendiert. Zur Erreichung dieses Ziels sei nicht nur der Privat- und Freizeitbereich restriktiv zu regulieren, sondern es müssten auch für einige Wochen die »gesellschaftlich nicht dringend erforderlichen Bereiche« – also »Fabriken, Büros, Baustellen, Schulen« – geschlossen werden.

Was im Jahre 2020 nur von Außenseitern in **konkret**, »Jungle World«, »Neues Deutschland«, dem Buch *Corona, Krise, Kapital* (Papyrossa) oder auch von mir ins Feld geführt wurde, ist aus seinem Schattendasein befreit. Vielleicht beendet diese Tatsache die schreckliche Eindimensionalität der öffentlichen Debatte des vergangenen Jahres, in der auf der einen Seite Merkels warnende Vorsicht, auf der anderen die todbringenden Gegenpositionen von Hendrik Streeck, Jonas Schmidt-Chanasit, dem Chef der Kassenärztlichen Vereinigung und seinem sozialdarwinistischen Anhang aus diversen Verbänden, der FDP und so weiter standen.

Die Autoren des Zero-Covid-Aufrufs hielten es nicht für ratsam, die »gesellschaftlich nicht dringend erforderlichen« Sektoren der Wirtschaft genauer zu benennen. Ihr Papier ist dem Inhalt nach ein Staatsprogramm, ein Maßnahmenpaket, das Staaten umsetzen sollen, wollen sie in der Pandemie »richtig« handeln. Aus diesem Rahmen fällt allerdings die Forderung, dass »die Beschäftigten die Maßnahmen in den Betrieben selber gestalten und gemeinsam durchsetzen« sollen.

Das war im Falle der Schließung etwa von Theatern, Hotels oder Schwimmbädern nicht der Fall. Die Autoren und Autorinnen des Aufrufs wollen es sich anscheinend mit niemandem verscherzen, denn die zur Betriebsgemeinschaft verschweißten Lohnabhängigen der Automobilindustrie und ihre dem Comanagement verpflichteten Betriebsräte könnten ganz schön zornig werden, wenn man ihnen eine achtwöchige Pause verordnet – und damit der Konkurrenz einen Vorteil verschafft, womöglich Japanern! Sie waren schon ungehalten, als ihnen die Subventionierung der Verbrenner vorenthalten wurde.

Ich verspreche, jede Demonstration zu unterstützen, auf der Arbeiter/innen erklären, dass sie sich der Gefährdung ihrer Gesundheit am Arbeitsplatz und auf dem Weg dorthin nicht länger aussetzen wollen. Ich fürchte aber, ich müsste nicht oft aus dem Haus.

Die im Aufruf formulierte Ansprache an die Gewerkschaften, »die erforderliche große und gemeinsame Pause zu organisieren«, ist Lüge oder sitzt einer Illusion auf. Man muss nur das Abkommen zu den Arbeitsschutzregeln angesichts der Pandemie zwischen den Sozialpartnern zur Kenntnis nehmen, in dem es heißt: »Soweit arbeitsbedingt die Abstandsregel nicht eingehalten werden kann und technische Maßnahmen wie Abtrennungen zwischen den Arbeitsplätzen nicht umsetzbar sind, müssen die Beschäftigten mindestens Mund-Nase-Bedeckung tragen.«

Ende Januar erreichte mich der Mitgliederrundbrief meiner Gewerkschaft Verdi. Unterzeichnet von Repräsentanten und Repräsentantinnen der beiden sozialdemokratischen Parteien und der DKP, beginnt er so: »Mit Gesichtsmasken, Händewaschen und Abstandhalten tragen wir unseren Teil zur Bekämpfung der Pandemie bei. Leider führt das aktuell noch nicht zum gewünschten Erfolg ... Gemeinsam und solidarisch werden wir weiter durch die Pandemie kommen. Wir trauern jetzt schon um viele Menschen, die wir verloren haben. Leider wird die Pandemie noch mehr Opfer fordern, und wir wollen alles tun, um diese Zahl so gering wie möglich zu halten.« Das ist der Sound des zukünftigen Gedenktags: Wir haben uns die Hände gewaschen, und für die Toten, die wir pflichtgemäß betrauern, ist niemand verantwortlich.

Der Zero-Covid-Aufruf nennt einen zentralen Bezugspunkt: »Wir orientieren uns am internationalen Aufruf für die konsequente Eindämmung der Covid-19-Pandemie in Europa.« Ergänzt werden müsse dieser Aufruf durch ein gesundheits- und sozialpolitisches Programm. Ich habe mich vergeblich bemüht, die extrem positive Bezugnahme der Zero-Covid-Kampagne auf die Initiative »Contain Covid-19« nachzuvollziehen. Selbstverständlich weiß ich, dass die Wissenschaftler/innen entschiedenere Maßnahmen fordern, um ein drastisches Ansteigen der Infektionszahlen zu verhindern; dass sie die Gefahren, die von den neuen Virusvarianten ausgehen, benennen und davor warnen, sich auf die schnelle Wirksamkeit des Impfens zu verlassen. Aber alle Einzelheiten ihres Konzepts stehen unter der Maxime, es müsse Vorteile für Gesundheit, Gesellschaft und für die Wirtschaft bieten. Es ähnelt insofern den Stellungnahmen der vier außeruniversitären Institutionen (Fraunhofer- und Max-Planck-Gesellschaft, Helmholtz- und Leibniz-Gemeinschaft), die eine vollständige Ausrottung des Virus für »im Prinzip möglich« halten, aber verwerfen, da dies eine zu große Schädigung der »Wirtschaft« mit sich bringen würde.

Zu den Verfasserinnen und Verfassern des internationalen Aufrufs »Contain Covid-19« zählen Melanie M. Brinkmann (Helmholtz-Institut) und Andreas Peichl (Ifo-Institut). Aus der internationalen Initiative entstand der deutsche Ableger No Covid, der ein schnelles Absinken der Infektionszahlen auf null durch restriktive Maßnahmen verspricht. Das Konzept sieht »grüne Zonen« vor, die eine Sieben-Tage-Inzidenz von zehn mit ersten Lockerungen belohnen, bei einer Inzidenz von fünf sollen weitere Lockerungen die Bevölkerung zum Durchhalten motivieren, bis die Infektionen gänzlich verschwunden sind und alle Restriktionen hinfällig werden.

Brinkmann und Peichl hat sich allerlei akademische Prominenz hinzugesellt, etwa der Soziologe Heinz Bude, Michael Meyer-Hermann (Helmholtz-Institut) und, als eine Art Sprecher der Initiative, der Chef des Ifo-Instituts, Clemens Fuest. Das Ifo-Institut hat sich – dies nur zur Erinnerung – in der Vergangenheit häufig besonders weit rechts von der Bundesregierung positioniert. Aufgefallen ist es zuletzt durch seinen Kampf für den Rauswurf Griechenlands aus der Euro-Zone oder seinen Einsatz gegen den Mindestlohn, der angeblich 900.000 Arbeitsplätze vernichten würde. So war zu erwarten, dass Fuest nun betont, sein und seiner Mitstreiter Konzept wolle die relevanten Sektoren der Wirtschaft nicht schädigen: »Da es mit hohen Fixkosten verbunden ist, große Fabriken zu schließen und später wieder zu öffnen, sollten insbesondere Sektoren mit sehr hoher Wertschöpfung pro Beschäftigtem, insbesondere das produzierende Gewerbe, weiter produzieren dürfen ... Unter diesen Voraussetzungen gilt, dass Betriebe von Unternehmen des produzierenden Gewerbes geöffnet bleiben können ..., selbst wenn sie nicht in einer grünen Zone sind.«

Hier ist die organische Zusammensetzung des Kapitals ausschlaggebend, also der hohe Anteil der Anlagen und Maschinen im Verhältnis zur menschlichen Arbeitskraft. Dass solche Betriebe weiterlaufen, ist von großer Bedeutung fürs Exportgeschäft und die Konkurrenzfähigkeit auf dem Weltmarkt.

Wenn der »Markenkern« des Zero-Covid-Aufrufs die Schließung der »nicht unbedingt nötigen Wirtschaftssektoren« ist, ohne die die Pandemie nicht auszurotten sei, dann verhält er sich antagonistisch zu No Covid und schlösse eigentlich eine positive Bezugnahme auf den internationalen Aufruf aus. Vielleicht hat hier die Sehnsucht nach Reputation gesiegt.

Es scheint verfrüht, einzelne Forderungen zu kommentieren, die das »gesellschaftlich solidarische Gestalten«, das der Zero-Covid-Aufruf fordert, konkretisieren – es wird fleißig nachgearbeitet. Viele Inhalte der Initiative sind im alltäglichen Handgemenge unterstützenswert. Es handelt sich strukturell um eine Mischung aus Sofortprogramm, das die Seuche besiegen soll, und Elementen eines »Umbauprogramms«, das aus der Krise eine »bessere Welt« entstehen lassen will, ein Türöffner zur »ökosozialistischen Gesellschaft« sein soll.

Ich halte es für eine Gesellschaftskritik, die der Wahrheit verpflichtet ist, für geboten auszusprechen, dass eine Krise diesen Ausmaßes zwangsläufig mehr Armut, Arbeitslosigkeit, Obdachlosigkeit et cetera zur Folge haben wird, dass sie auf die unteren Schichten abgewälzt werden wird und dass die Kämpfe und Kräfteverhältnisse nur das jeweilige Ausmaß, in dem dies geschieht, beeinflussen. Lüge wäre ohnehin die Behauptung, es sei ein »solidarisches Gestalten« möglich, das das Verhungern von Millionen mehr Menschen als im kapitalistischen Normalbetrieb verhindern könne.

Oft scheint mir, manch wohlfeiler Satz wird geschrieben, ohne seine Implikationen zu bedenken: »Das Profitstreben im Gesundheits- und Pflegebereich gefährdet die kollektive Gesundheit.« Wer das ernst nimmt, müsste für die Abschaffung aller privaten Praxen der niedergelassenen Ärzteschaft optieren, sind sie doch kleine, dem Profitstreben verpflichtete Einheiten. Oder schiebt die Zuneigung zum Mittelstand solchen Einsichten einen Riegel vor? Ähnlich verhält es sich mit dem Postulat, Impfstoffe sollten »der privaten Profiterzielung entzogen« werden, »sie müssen der gesamten Menschheit gehören«. Das hieße, dass reiche Länder auf eine rasche Impfung ihrer Staatsbürger/innen verzichten, da in den armen Regionen und ihren sozialen Verhältnissen die Immunisierung noch dringlicher ist. In Deutschland werden ja derzeit alle Register des Wohlstandschauvinismus gezogen: Warum sind »wir« nicht Weltspitze beim Impfen? Begibt man sich erst einmal auf den Pfad des törichten Gedankens, dass in einer Welt, in der alles Ware ist, Spezielles keine sein soll, dann dürften Nahrungsmittel gewiss auch keine Ware sein; Kunst und Kultur nicht, die Natur nicht, der Mensch und die Erde nicht – Ende der Persiflage!

Ich will nicht durch polemische Grobheiten vergessen machen, dass in der öffentlichen Debatte Zero Covid die Stimme ist, der ich am relativ nächsten stehe. In der »linken« Debatte gilt meine Verachtung jenen, die die Gefährlichkeit des Virus systematisch leugnen, den »Nachdenkseiten« im Schulterschluss mit Ken Jebsen, den Hannes Hofbauers, Knut Mellenthins, die gemeinsam mit Nazis im »Demokratischen Widerstand« ihren Dreck verbreiten, den Clemens Henis und Peter Nowaks, die das Sterben der Alten bagatellisieren. Ich halte einen konsequenten Bruch, den es leider nicht gibt, mit diesen Leuten für geboten.

Zurück zu Zero Covid: Die vorgeschlagenen Maßnahmen werden durch den Nachweis legitimiert, dass genug Geld da sei. Die »umfassende Arbeitspause und alle solidarischen Maßnahmen« müssen als »problemlos finanzierbar« definiert werden – finanzierbar mit »einer europaweiten Covid-Solidaritätsabgabe auf hohe Vermögen, Unternehmensgewinne, Finanztransaktionen und die höheren Einkommen«. Man hört hier den Gewerkschaftssekretär in voller Lautstärke raus, der erst die Gewinnmarge seiner Sparte ermittelt, um dann den Kollegen mitzuteilen, wie hoch ihre Lohnforderung ausfallen dürfe. Bei Defiziten rät er, »schmerzhafte Einschnitte« zu akzeptieren, wegen der Kuh, die man … – ihr wisst schon. Immer müssen schwindelerregend Reiche existieren und jede Menge Transaktionen tätigen, damit der Finanzierungsplan aufgeht. Aber erst ein Bruch mit dieser Logik macht systemkritisches Denken möglich.

Als ich angefragt wurde, ob ich zu den Erstunterzeichnern des Zero-Covid-Aufrufs gehören wolle, fand sich im Entwurf noch das Versprechen, mit den Maßnahmen »wird es möglich sein, ein normales Alltagsleben (wieder) zu ermöglichen«. Mein Vortrag zum Thema aus dem vergangenen Jahr in München trug den Titel »Normalität. Eine trostlose Hoffnung«. Das geht wirklich nicht zusammen. Der Satz ist nun zwar gestrichen, aber die Botschaft ist im Aufruf implizit weiter enthalten. Gesellschaftskritik jedoch verachtet das normale Leben unter den Bedingungen der Kapitalakkumulation. Das normale Leben, von dem ärmeren Menschen im Durchschnitt zehn Jahre weniger zugeteilt sind, lässt sie in demokratischer Unfreiheit als Humankapital fungieren, als Unterworfene von Produktivität und Effektivität. Ihre Freizeit ist nicht Freiheit, sondern Spiegelung der marktwirtschaftlichen Gesetzmäßigkeiten. Ihre Sprache ist ihnen geraubt, und Zerstreuung statt Reflexion wird ihnen geboten. Die Schule sortiert sie in die gesellschaftlichen Hierarchien, mit dem schrecklichen Werkzeug der gerechten Benotung. Ihre psychologische Betreuung hat das Funktionieren zum Ziel und setzt dieses mit Gesundheit gleich. Solche Aufzählung mag hohl klingen, aber alle Bücher, die wichtig sind, denunzieren das normale Leben, handeln von seiner Tristesse, zeigen das Hässliche hinter dem Sentimentalen.

Das normale Leben ohne die Verwerfungen großer Krisen zu verewigen, ist das Versprechen des (linken) Keynesianismus. Es ist uneinlösbar, weil es Krisen nur aufschieben kann, um den Preis ihrer späteren, heftigeren Entladung. Aber selbst wenn es einlösbar wäre, bliebe der Antagonismus zwischen dem Keynesianismus und der Gesellschaftskritik, der Feindin des *positive thinking*, erhalten. Das normale Leben bedeutet außerdem Verstrickung in einen Zusammenhang von Produktion und Konsumgewohnheiten, die ursächlich die Zerstörung der äußeren Natur des Menschen befördert. Bemerkenswert ist es schon – wo wir doch alle im Laufe des letzten Jahres Autoren wie Rob Wallace oder Mike Davis gelesen haben –, dass der Zero-Covid-Aufruf manch Kleinteiliges enthält (soll ich wirklich die Gehälter der Amtsärzte in Deutschland für zu niedrig halten?), aber mit keinem Wort die Ursache der Pandemie, also das Vordringen industrieller Landwirtschaft in »unberührte Natur« und die Massentierhaltung, erwähnt.

Ein zentrale Behauptung dieser Tage lautet doch, es handele sich bei der Pandemie um eine Naturkatastrophe, also um so etwas wie ein Erdbeben, einen Vulkanausbruch oder den Einschlag eines Meteoriten; jedenfalls um nichts – wie viele Klimaaktivisten es nennen – »Menschengemachtes«, besser: von der kapitalistischen Produktionsweise Erzeugtes, das sich menschheitsgeschichtlich in unbekannten, aber sich verkürzenden Abständen wiederholen wird. Trifft aber zu, dass es sich bei der Pandemie um etwas »Menschengemachtes« handelt, wird zwar der »Katastrophenplan«, auch der »solidarische«, nicht überflüssig, aber er enthält eine ordentliche Portion Donquichotterie. Analoges gilt für die Klimakrise. Dass diese Erkenntnis sich beißt mit dem Versprechen der Prolongierung des normalen Lebens, liegt auf der Hand.

Die Autoren des Zero-Covid-Aufrufs haben sich entschieden, kein Wort über die Manifestationen von Leichtfertigkeit, Ignoranz gegenüber dem eigenen Risiko – wovon das tägliche Zur-Arbeit-Gehen nur ein Teil ist – und der Gefährdung anderer zu verlieren. Die Kritik der Bedürfnisse, einer der wichtigsten Aspekte gesellschaftskritischen Forschens, ist verschwunden. Man wolle konzeptionell »überzeugen«, die noch Unwissenden »informieren« und: »Sozialist*innen und emanzipatorische Linke setzen auf die kollektive Einsicht und Lernfähigkeit der Menschen«, schreiben Verena Kreilinger und Christian Zeller in »Analyse und Kritik« (»AK«). Wer wagte solcher Phrase zu widersprechen!? Nun weiß jede/r Linke, dass es historische Situationen gab, in denen es an Information und Argumenten gegen das Krepieren nicht mangelte und ihre Verkünder dennoch einsam waren, wie etwa Rosa Luxemburg im August 1914.

Heute kollidiert jede auch nur humanistische Haltung mit dem Bewusstseinsstand der Mehrheit der Menschen, wie sie empirisch existieren. In ihren Haltungen und Bedürfnissen spiegeln sich marktwirtschaftliche, materielle Notwendigkeiten, die in die Lohnabhängigen eingewandert sind, sie hässlich machen.

Das Diktat der Effizienz, das die Möglichkeit einer Humanisierung der Arbeit ausschließt, erfordert Entsagung und also Unterdrückung der lustvollen Triebe. Die Konkurrenz als Prinzip und der Gehorsam als Bedingung des noch so kleinen Aufstiegs produzieren Verachtung all jener, die den Anforderungen nicht gewachsen sind. Der Hass auf den Müßiggang und das Pochen auf seine Bestrafung, die männliche Selbstheroisierung, die die Tortur auszuhalten versteht und die Gefahrenmissachtung für eine Tugend sowie Ängstlichkeit für eine Charakterschwäche hält, hat im Verbund mit dem despotischen Zwang, seine Arbeitskraft zum Erhalt des Lebens verkaufen zu müssen, eine Transformation von Fremdzwang in Selbstzwang bewirkt. Die Geschichte der Lohnarbeit ist eine unendlichen Leids, und sie ist eine Geschichte unverzeihlicher Taten der Lohnabhängigen, die sich etwa in der aktiven Teilnahme am Quälen der Zwangsarbeiter im Nationalsozialismus oder heute im proletarischen Rassismus und der Zustimmung zur todbringenden Verteidigung der Festung Europa manifestiert.

Die Selbstverhärtung – oft nur noch empfinden zu können, wenn man sich Lebensgefahren aussetzt – findet ein Ventil in der noch beliebteren Akzeptanz des »Todes der anderen«, was sich in der allgemeinen Gelassenheit angesichts alltäglicher Triage zeigt –, wenn der Transport von der Verwahranstalt der Alten ins Krankenhaus unterbleibt und der alles andere als wohlmeinende Rat erteilt wird, mit der Patientenverfügung zu Potte zu kommen, da irgendwann genug Runden gedreht sein müssen und das Gesundheitssystem nicht überlastet werden darf.

Was ich hier als Dissens mit der Schamlosigkeit des »glücklichen Bewusstseins« nur andeuten kann, steht all den Ansagen einer bahnbrechenden »Offensive«, einer »mindestens europäischen Massenbewegung mit Basisorganisationen in Betrieben, Stadtteilen und so weiter« im Wege (»AK«). Es ist lästig und verdient, ignoriert zu werden, wie die traurige Gestalt des kritisch-solidarischen Flugblattverteilers am Rande der Demonstration.

Die Verkünder großer Offensiven, ob in jüngerer Zeit aus Anlass des »Arabischen Frühlings«, der griechischen »Linksregierung«, der Flüchtlingskrise, der Gelbwesten-Bewegung, der Klimaproteste oder der »neuen Klassenpolitik«, haben die ärgerliche Eigenschaft, die Reflexion des Scheiterns zu umgehen, indem eine kritische Auswertung durch das nächste, hegemonieversprechende Projekt verdrängt wird. Das macht es so schwer, sich der von Herbert Marcuse formulierten Maxime, »beim Unzulänglichen zu bleiben«, zu verpflichten.

Für ihren Aufruf werbend, schreiben Kreilinger und Zeller im »AK«: »Eine inkonsequente Pandemiebekämpfung kostet die Länder langfristig mehr als ein kurzfristiger, effektiver Shutdown«, deshalb kämen die europäischen Staaten »ihrer Rolle als ›ideeller Gesamtkapitalist‹, der für die Aufrechterhaltung der Akkumulationsbedingungen des gesamten Kapitals zu sorgen hat, nur noch eingeschränkt nach«. Diese Behauptung, die ein kompletter Perspektivwechsel ist, erscheint bei der Lektüre des Buches *Corona, Krise, Kapital* fast wie eine Marotte der Autoren, die ihre Vorschläge unbedingt als »auch zum Vorteil ... des Kapitals« anpreisen und Staaten ankreiden wollen, sie seien »nicht mehr in der Lage, die grundlegenden Voraussetzungen für einen Verwertungsprozess, der den Anforderungen der Krise gerecht wird, zu schaffen«.

Es muss einen unheimlichen Stolz in Leuten befördern, die von Gesellschaft und Macht Überhörte sind, dem Staat sein Versagen am Maßstab seiner eigenen Funktion um die Ohren zu hauen. Jeder weiß, dass jeden Tag reichlich Kapitalverwertung gelingt. Diese wäre gefährdet, wenn ein Mangel an der Ware Arbeitskraft einträte, ein Zusammenbruch des Gesundheitssystems geschehen würde, der die Reparatur des benötigten Humankapitals – also nicht der Alten, die Wert verzehren, ohne Mehrwert zu schaffen – verunmöglichte. Es ist gerade die Balance zwischen Restriktionen und Lokkerungen – politisch inszeniert im Plauderton des demokratischen Diskurses –, die die Loyalität zum Staat erhält und rational verhandelt, welcher Gewaltmonopolist mit den geringsten ökonomischen Verlusten aus der Krise hervorgehen wird. Das ist Ausdruck instrumenteller Vernunft inmitten eines verrückten Ganzen.

Um die Welt zu verstehen, zu »interpretieren«, studiert Gesellschaftskritik auch das empirische Material, müht sich zu begreifen, warum die Zahl der Toten pro 100.000 Einwohner einerseits zwischen dem dänischen und dem schwedischen Weg so signifikant differiert und andererseits in den Vereinigten Staaten unter Donald Trump die Zahl der Opfer nah an derjenigen in Frankreich ist, wo Emmanuel Macron den »Krieg gegen das Virus« propagierte. Sie erforscht auch, ob es überhaupt eine schlichte Kausalität zwischen der Zahl der Pandemietoten und dem Rückgang des Bruttosozialprodukts gibt – und wenn nicht, welche Faktoren das bewirken. In Deutschland etwa leidet die industrielle Produktion heute keineswegs. Das Exportgeschäft, besonders nach China, boomt.

Ungeachtet der Empirie muss man vor der Methode des Professors Fuest vom Ifo-Institut erschaudern. Er spricht sich gegen zu frühe Lockerungen aus, weil er berechnet hat, dass sie keinen ökonomischen Vorteil bringen würden. Andere ökonomische Kennziffern hätten ihn zu anderen Schlüssen gebracht.

Man muss das Graduelle nicht verachten; der konkrete Einsatz für Reformen, die das Leben erleichtern, Not lindern, Menschenleben retten, ist linker Alltag, der sich allerdings nur legitimiert durch den Verzicht auf jeden Verweis auf die Nützlichkeit des jeweiligen Handelns für das bestehende Falsche. Jede Kalkulation, was etwa ein Geflüchteter als potentielle Arbeitskraft, Steuer- oder Rentenbeitragszahler einbringen würde, verbietet sich. Selbst wenn das Argument ein humanistisches Anliegen plausibilisieren soll, bewirkt es die Degradierung des Menschen zum Material. Es gibt kein Aufbegehren, keine intellektuelle oder praktische Rebellion, die nicht die Schädigung der Kapitalakkumulation implizierte. Die Rebellion sorgt sich prinzipiell nicht um die Stellung der »eigenen« Nationalökonomie auf dem Weltmarkt.

Ohne einen Weg vom bestehenden Falschen zum möglichen Besseren zu kennen, weiß ich, dass seine ersten Schritte einen Ekel vor dem Funktionierenmüssen, einen Impuls der Verweigerung, das große Rad des Selbstzwecks der Verwertung weiterdrehen zu müssen, zur Voraussetzung haben.

Wenn es nicht gibt, was zu anderen Zeiten einmal aufschien, »Zusammenbruch der Arbeitsdisziplin (...), bummeln, Ungehorsam gegenüber Regeln und Vorschriften (...), Akte willkürlicher Unbotmäßigkeit (...), Ausbreitung von Untüchtigkeit, Arbeitswiderstand, Verweigerung von Pflichterfüllung, Fahrlässigkeit und Gleichgültigkeit«, wenn also die »dysfunktionalen Faktoren« abwesend sind, bleibt der Kritiker hilflos und findet, um es im heutigen Jargon auszudrücken, keinen Anknüpfungspunkt (Zitate aus Herbert Marcuses *Versuch über die Befreiung*, 1969).

Bescheiden, wie man notgedrungen geworden ist, erschiene mir die Weigerung, angesichts der Gefahren durch das Virus zur Arbeit zu gehen, als Widerspruch; schon wer sich nur eine Krankschreibung besorgte, träfe eine winzige Entscheidung, sich wichtiger zu nehmen als die Firma. Im Gegensatz zu dieser unzuversichtlichen Hoffnung steht das in allen Einzelheiten ausgeklügelte, im Namen von gebrauchswertorientierter Produktion verfasste »Umbauprogramm«. Meist handelt es sich um »illusionären Realismus«, denn das Kapital hat Gründe, die Ratschläge nicht anzunehmen, und die Arbeiter hören bestenfalls den Verfassern nicht zu und halten eher noch Schilder hoch, die von Selbstaufgabe künden: »Wir sind Lufthansa« – »Kranich oder gar nicht«.

Die Autoren eines Umbauprogramms, wie Verena Kreilinger, Winfried Wolf und Christian Zeller es mit *Corona, Krise, Kapital* so bienenfleißig erarbeitet haben, versprechen den Rüstungsarbeitern die »Fertigung sinnvoller Produkte (...), zum Beispiel auf den Gebieten der Energiewende und Verkehrswende«; den Automobilarbeitern einen Weg »hin zu Produkten der Verkehrs- und Energiewende sowie der Gesundheitsvorsorge« nebst einer Garantie, »dass Beschäftigte ihre Arbeitsplätze behalten«, während die Lohnabhängigen des Finanzsektors beruhigt werden mit der Formel, für sie »müssen gesellschaftlich sinnvolle Arbeitsplätze in anderen Bereichen geschaffen werden«. So betreten wir eine Welt mit viel Arbeit, aber ohne Kampf, Zerwürfnis, Unwägbarkeiten, Kapitalflucht, Repression.

So unrealistisch ein solches Programm auch ist, so manifest wohnt ihm die Tendenz zum Realismus, zur Akzeptanz des bloß Machbaren inne. Die Resultate kann man an Veteranen des linken Keynesianismus, aber auch an einigen jungen Vertretern und Vertreterinnen von Fridays for Future besichtigen, die schon auf dem Weg sind, dem Machbaren – etwa im Gewand eines Green New Deal, also der irrigen Annahme, kapitalistischer Wachstumszwang sei mit Schonung der Umwelt vereinbar – in staatspolitischer Verantwortung zu dienen. Das wird monetär belohnt und mit vorzeitiger Vergreisung zum Politiker bestraft.

PS: Die Brücke zum Realistischen ist oft die Akribie, mit der suggeriert wird, nicht abgehoben zu sein, sondern fürsorglich an alle und alles zu denken: »Lohnabhängige, die an ihren Arbeitsplätzen einem erhöhten Ansteckungsrisiko ausgesetzt sind, dürfen früher wieder in Restaurants und Cafés«, lese ich und: »Arbeiterinnen, die auch in der Krise gemeinsam im Schichtbetrieb arbeiten, dürfen auch in ihrer Betriebssportgruppe (...) zusammenkommen« (*Corona, Krise, Kapital*). Hätte ich einen Hang zum Konstruktiven, würde ich das um die Forderung nach Angelscheinen für Spargelstecher und freien Eintritt zum Minigolf für bulgarische Fleischzerteiler ergänzen.

Erschienen in **konkret 3/21**

Hoffnungsspritze

Von Johannes Creutzer

Obwohl im Frühjahr 2020 bald klar war, dass die Corona-Pandemie nicht von allein wieder verschwinden würde, gingen die meisten Deutschen mit dieser Hoffnung in den Sommer. Nach der ersten Welle galt Deutschland als Corona-Weltmeister mit niedrigen Zahlen, aber durchgreifenden Maßnahmen: Bei geschlossenen Kitas, Schulen und Einzelhandel fanden die Menschen trotz Social Distancing beim gemeinsamen Happy-Birthday-Singen zum Händewaschen, Austausch von Maskennähanleitungen und liebevoll gestalteten Masken zusammen. Sie schüttelten keine Hände mehr und hielten, da jeder Nachbar oder Kollege ein sogenannter Superspreader hätte sein können, Abstand zueinander, aber sie klatschten Beifall für die Pflegekräfte. Während viele ins Homeoffice gingen, leisteten Pflege- und medizinisches Personal Überstunden. Auch die Angestellten der Supermärkte und Drogerien mussten mehr malochen, um die gestiegene Klopapiernachfrage zu bedienen.

»Wie die Menschen den Ausnahmezustand erfahren, hängt nun einmal ganz wesentlich von ihrer gesellschaftlichen Lage ab«, schrieb Lars Quadfasel, »– ob sie bezahlten Sonderurlaub genießen dürfen, Lohnarbeit unter erschwerten Bedingungen zu leisten haben (aus der häuslichen Isolation oder unter permanenter Ansteckungsgefahr) oder ganz ohne Job dastehen; ob sie neben der Verwandlung des Wohnzimmers ins Homeoffice auch noch unausgelastete Kinder zu betreuen haben, sich in trauter Zweisamkeitshölle einrichten müssen oder, Social Distancing extrem, allein mit Tablet und I-Pod; ob sie Weltbezug per Kreditkarte herstellen und das Internet nach Belieben leerkaufen können, sich bei Aldi um die letzte Packung Toastbrot schlagen müssen oder aus Alters- und Krankheitsgründen gar nicht mehr vor die Tür trauen.«[33]

Es war vor allem die Angst vor dem Unbekannten, die die Menschen zur Vorsicht trieb. Denn: »Gegenüber dem Virus ist jeder auf sich allein gestellt«, so Quadfasel weiter, »daran ändern auch all die kursierenden Gute-Laune-Videos von Tanzeinlagen auf den Balkons nichts.« Je länger die Corona-Lage andauerte, desto mehr wurde über das Virus bekannt, desto mehr Halbwis-

---

33 Lars Quadfasel: »Nicht noch ein Corona-Artikel«, in **konkret 5/20**.

sen eigneten sich die Menschen an und warfen damit um sich: Kinder seien vom Virus nicht gefährdet, aber sehr wohl vom Lockdown. Die Alltagsmasken schützten gar nicht richtig, daher könne man es auch gleich ganz lassen. Ohnehin seien nur wenige betroffen, »wir« könnten »normal weiterleben«, während nur die Alten stürben, wie das Menschen nun mal irgendwann tun – oder sie müssen halt geschützt, also weggesperrt werden. Corona sei nur eine etwas hartnäckige Grippe, und über Grippetote spreche auch niemand – was soll also die ganze Aufregung? Weil der Lockdown schlimmer als ein paar Tote sei, außerdem Erntehelfer, Arbeiter in der Fleischindustrie und andere Migranten am häufigsten von diesem »ausländischen Virus« betroffen seien, folgten viele bereitwillig dem Virologen Hendrik Streeck und seinem Motto, mit dem Virus leben zu lernen und die Toten zu akzeptieren.[34]

Die Bereitschaft der sogenannten Massen, sich selbst einzuschränken, war nur so lange vorhanden, wie sie dachten, dass sie selbst auch zu Betroffenen werden könnten. Schon bald nahm jedoch das Gefühl, vor allem vom Lockdown, dem Maskentragen und von der Inkohärenz staatlicher Maßnahmen betroffen zu sein, überhand.

Schon im Frühjahr, als noch nicht absehbar war, ob oder wann Impfungen gegen Corona entwickelt sein würden, erschienen sie als Erlösung aus dem Debakel. Ein Jahr später hat sich daran wenig geändert. »Wir haben eine Langfriststrategie: Wir wollen aus der Pandemie herauskommen, indem wir das Virus durch Impfen beherrschen«, sagte Bundesgesundheitsminister Jens Spahn (CDU) Ende Januar 2021.[35] Die Vorsitzende des deutschen Ethikrats, Alena Buyx, ergänzte: »Unsere wichtigste Perspektive ist die Impfung. Wenn die greift und nicht mehr so viele Menschen so schwer an Covid erkranken, dass sie ins Krankenhaus müssen, weil die älteren Menschen dann besser geschützt sind, verliert auch eine höhere Inzidenz den Schrecken ... Das ist ein emotionaler Ausnahmezustand seit März [2020], eine nie dagewesene Situation in unser aller Leben. Ich bin zuversichtlich, dass wir diese furchtbare Phase bald hinter uns lassen und unsere Lebensvollzüge wiederbekommen.«[36]

Als die zweite Welle Deutschland schwer getroffen hatte, Schulschließungen und Lockdown-light Weihnachten retten sollten, gab es in der Adventszeit

---

34 Über Streeck und Konsorten hat Thomas Ebermann an anderer Stelle in diesem Buch schon genügend gesagt. Siehe dazu das Kapitel »Das große Experiment«.
35 »Was läuft da schief, Herr Spahn?«, »FAS«, 31. Januar 2021.
36 »Das Ringen ums richtige Maß ist anstrengend«, »FAS«, 10. Januar 2021.

die erlösende Nachricht: Die Impfstoffe sind da, sie wirken und sollen bald in großen Mengen produziert werden!

Pikperformance

Am 26. Dezember 2020 erhielten die ersten Senioren und Pflegekräfte in einem Pflegeheim in Halberstadt (Sachsen-Anhalt) die Impfung. Unter Blitzlichtgewitter bekam eine 101jährige die erste Spritze, und in den kommenden Tagen veröffentlichte so ziemlich jede Tageszeitung das Beweisfoto, das Hoffnung verbreiten und eine Aufbruchsstimmung für den »nationalen Kraftakt« auslösen sollte. Doch die Aktion missfiel dem Bundesgesundheitsministerium, denn in Halberstadt wurde einen Tag zu früh geimpft. Das Ministerium habe »mit allen Partnerländern der EU und mit den 16 Bundesländern vereinbart, am Samstag (26. Dezember) an alle auszuliefern und ab Sonntag (27. Dezember) gemeinsam mit den Impfungen zu beginnen«, sagte ein Sprecher der »Bams«. Hätte er doch nur den Mund gehalten. Denn die Kritik an der Kritik war so erwartbar wie berechtigt: »Es wurde immer gesagt: Bei Corona zählt jeder Tag. Wir hatten den Impfstoff am Samstag und waren bereit – warum sollten wir dann bis Sonntag warten? Das versteht kein Mensch. Ich bin froh, dass wir sofort losgelegt haben«, erklärte der Leiter des zuständigen Impfzentrums, Immo Kramer. Darüber hinaus weigerten sich auch andere EU-Staaten, auf den »verabredeten« Termin zu warten, und begannen bereits am zweiten Weihnachtsfeiertag mit den Impfungen.

Ein Start, der paradigmatisch für die gesamte Impfkampagne werden sollte. Vom vielbeschworenen Zusammenhalt war nichts mehr zu spüren. Alle gegen alle, lautete die neue Devise, »Impfdrängler« wurde ein vielbenutztes Wort, und die Staatswerbung setzte nicht mehr auf »Zusammen gegen Corona«, sondern den Egoismus der einzelnen (»Ich will wieder reisen. Dafür fahre ich jetzt Kontakte runter.« Und: »Ich will wieder in mein Lieblingsrestaurant. Dafür denk ich jetzt an AHA«).

Im Vergleich der nationalen Impfgeschwindigkeiten sind Deutschland und die Europäische Union alles andere als Weltspitze: Bis Ende März 2021 erhielten in Deutschland sowie der gesamten EU circa zehn Prozent der Bevölkerung die erste Impfung, in Großbritannien waren es zu diesem Zeitpunkt gut 40 Prozent und in den USA 25 Prozent. Mit einer Impfquote von über 60 Prozent lag Israel weltweit ganz vorn. Diese Diskrepanz hat verschiedene Ursachen, deren jeweilige Wirkung rückblickend kaum quantifizierbar ist.

Israels Impferfolge lassen sich noch einfach erklären. Der jüdische Staat impft fast ausschließlich mit dem Impfstoff von Biontech/Pfizer und zahlt dem Unternehmen pro Dosis umgerechnet 44 Euro, während die Europäische Union nur zwölf Euro pro Dosis zahlt. Daneben bot Israel Biontech/ Pfizer seine Impfkampagne für die Feldforschung über den Impfstoff an, da sich das kleine und recht abgeschlossene Land hierfür perfekt eignet. »Unsere Grundannahme war, dass wir in Israel ein kleiner Markt sind«, erklärte der israelische Gesundheitsminister Juli Edelstein. »Und wenn wir uns keinen Platz in der Schlange kaufen, dann wird kein Unternehmen an uns denken ... Also mussten wir schnell sein ... Wir sagten Pfizer: Wenn wir den Impfstoff bekommen, können wir ihn dank unserer Krankenkassen in kürzester Zeit verimpfen. Und dann wird die ganze Welt über den Impfstoff von Pfizer sprechen.«[37] Hinzu kommt, dass Israel darin geübt ist, große Teile seiner Bevölkerung zu mobilisieren, und nicht starr an der priorisierten Impfreihenfolge festhielt. Wer abends auf gut Glück zu einem Impfzentrum fuhr, hatte große Chancen, übriggebliebenen, bereits aufgetauten Impfstoff zu erhalten. Die Verteilung über die Krankenkassen mit lokalen Gesundheitszentren und hochentwickelter digitaler Verwaltung trug zum Erfolg bei. Kein Vergleich zum deutschen beziehungsweise europäischen Vorgehen.

Schon zu Beginn der Impfkampagne in Deutschland und der EU lag Großbritannien drei, die USA zwei Wochen vorn, da die Zulassung der Impfstoffe dort zügiger vonstatten gegangen war. Aber ohne die umfassende Prüfung der Europäischen Arzneimittelbehörde wäre möglicherweise die Angst vor Nebenwirkungen deutlich größer. Dieser Vorsprung bestimmte das Rennen jedoch nicht allein. Hauptursächlich sind unterschiedliche Einkaufsstrategien: Zwar sicherte sich die Europäische Union insgesamt und auf lange Sicht ausreichend Dosen, um die gesamte Bevölkerung dreimal zu impfen, verteilte diese Bestellungen aber auf diverse Unternehmen. Nicht alle davon haben bis zum Frühjahr 2021 einen zugelassenen Impfstoff geliefert – ein Hinweis darauf, dass nationale Wirtschaftsinteressen der großen EU-Staaten die Bestellliste eher beeinflussten als der Entwicklungsstand der jeweiligen Unternehmen. So drängte Deutschland auf große Bestellungen bei Curevac aus Tübingen, während Frankreich im Gegenzug bei dem französischen Konzern Sanofi bestellen ließ – beide Unternehmen haben bis Ende März 2021 noch keinen Impfstoff auf den Markt gebracht.

---

37 »Natürlich haben wir Menschen geimpft, die noch nicht an der Reihe waren«, in »FAS«, 14. März 2021.

Zudem unterscheidet sich der Marktzugang wesentlich: Während die EU sich neben anderen Kunden auf den Markt begab und fertige Impfdosen bestellte, investierten die USA in großem Volumen bereits in Entwicklung, Testung und Produktion der Impfstoffe. Rund 8,5 Milliarden Euro veranschlagten die USA für die Impfstoffbeschaffung für ihre 328 Millionen Einwohner, die EU mit ihren 448 Millionen Einwohnern plante hingegen nur 2,7 Milliarden Euro ein. Auch wenn beispielweise Deutschland zusätzliche Hunderte Millionen in seine nationalen Impfstoffirmen Biontech und Curevac investierte, wirkten die unterschiedlichen Herangehensweisen sich entscheidend auf den Impferfolg aus.

Während die EU ihre Bestellungen also auf die diversen Firmen verteilte, setzte Großbritannien vor allem auf den »einheimischen« Impfstoff von Astra-Zeneca und sicherte sich nach eigener Aussage auch eine bevorzugte Belieferung durch das Unternehmen. Zudem setzte Großbritannien bei seiner Impfkampagne einen Schwerpunkt auf die Verabreichung der ersten Spritze und verschob die zweite Dosis weit nach hinten. So liegt Großbritannien Ende März 2021 bei der Verabreichung der Zweitdosis an die Bevölkerung mit 3,5 Prozent sogar noch hinter Deutschland mit 4,3 Prozent. Welche Taktik im Endeffekt die bessere ist, kann zum jetzigen Zeitpunkt noch nicht beurteilt werden.

Ähnliches gilt für die Frage, ob bereits gelieferter Impfstoff für die Zweitimpfungen aus Sorge vor Lieferengpässen zurückgehalten werden muss. In der Europäischen Union wird überwiegend so verfahren. Großbritannien und die USA verimpfen hingegen alle verfügbaren Dosen direkt, weil sie – wohl zu Recht – davon ausgehen, fortwährend ausreichend neuen Impfstoff zu bekommen.

Starre Priorisierung, Bürokratie und vermeintliche Verteilungsgerechtigkeit tun in Deutschland ihr übriges. Lieber wird niemand geimpft als eine Person entgegen den Absprachen und Priorisierungen. »Overengineering« nannte es der Präsident der Bundesärztekammer, Klaus Reinhardt, euphemistisch. Ganz abzuweisen ist der Vorwurf aber nicht – wenn etwa im März 2021 in Wuppertal keine Impftermine mehr vergeben werden dürfen, obwohl das Impfzentrum des Kreises Impfstoff hat und bereits alle Berechtigten und Willigen geimpft wurden, aber niemand aus der folgenden Priorisierungsgruppe eingeladen werden darf, weil andere Kreise in Nordrhein-Westfalen noch nicht so weit sind. Gerechtigkeit gäbe es nur, wenn alle Kreise in Nordrhein-Westfalen gleichzeitig für die jeweilig nächste Priorisierungsgruppe geöffnet werden.

Die Verteilung der Impfstoffe der EU auf die einzelnen Mitgliedsstaaten erfolgte grundsätzlich nach Bevölkerungsanteilen (wobei Deutschland und Frankreich natürlich mehr bekommen, weil sie Deutschland und Frankreich sind; und Ungarn ganz anders vorgeht, beispielsweise auch den russischen Impfstoff Sputnik V verimpft), nicht aber nach Inzidenzen, Risikopatienten oder Krankenhausbelegung. In Deutschland selbst ging man bei der Verteilung auf die Bundesländer ganz ähnlich vor. Dass hier nun zumindest Grenzregionen leicht bevorzugt werden sollen, ergibt einerseits Sinn, befördert aber andererseits erneut das Vorurteil vom eingeschleppten »ausländischen Virus«.

»Der Impfstart, dann auch noch an Weihnachten, hat die Erwartungen in einer Art und Weise hochschnellen lassen, die ich ehrlicherweise unterschätzt habe«, sagte Jens Spahn Ende Januar. »Nachdem wir wochenlang über die Impfreihenfolge und Knappheit am Anfang diskutiert haben, hätte aus meiner Perspektive jedem klar sein müssen, dass das seine Zeit dauern wird.« Doch die (West-)Deutschen sind es nicht gewohnt zu warten: »Das kennen wir in Deutschland nicht, dass etwas vital Wichtiges nicht verfügbar ist«, bedauerte die Vorsitzende des deutschen Ethikrats, Alena Buyx. »Katastrophe« (»Bild«), »Fiasko« (»FAZ«) und »Schande« (»Spiegel«), urteilten die Medien. Nicht nur, weil es wirklich an verschiedenen Stellen der Impfkampagne hakte, sondern vor allem, weil andere – Großbritannien nach dem Brexit, die USA, nicht zuletzt durch Trumps Förderung der Impfstoffproduktion, und dann auch noch Israel (mit »unserem deutschen Impfstoff«) – es besser machten.

»Es liegt im deutschen Interesse«, polterte Alexander Gauland (AfD) Ende März 2021 im Bundestag, »dass zuerst die Bürger dieses Landes«, gemeint ist natürlich Deutschland, »geimpft werden … Darum hat sich die Bundesregierung zu kümmern« – als täte sie etwas anderes. Dies als »Impfnationalismus« zu bezeichnen, sei ein »törichter Vorwurf«, denn schließlich ist Gauland Vollzeitnationalist.

Individuelle Impfgegnerschaft

Über kurz oder lang werden in Deutschland und der gesamten EU alle Menschen die Möglichkeit erhalten, sich impfen zu lassen. Allerdings freuen sich nicht alle darauf: Bei einer repräsentativen Umfrage in verschiedenen europäischen Staaten gaben 80 Prozent der Bürger Großbritanniens an, sich gegen Corona impfen lassen zu wollen, aber nur 62 Prozent der Deutschen. In Frankreich waren es sogar nur 48 Prozent.

»Es gibt verschiedene Impfziele«, erklärte Alena Buyx zur Corona-Schutzimpfung in der »FAS«, »das erste ist, Todesfälle und starke Infektionen zu vermeiden, um die Überlastung des Gesundheitssystems zu verhindern. Das ist ein sehr pandemieorientiertes Ziel, das gut zu der Idee passt, dass die Impfung nicht nur sogenannte Herdenimmunität, sondern auch Individualschutz liefern soll.« Trotzdem muss die Herdenimmunität das entscheidende Ziel – gerade in einer Pandemie – sein, denn es gibt Menschen (zum Beispiel mit einer angeborenen Immunschwäche oder Krebspatienten), die nicht geimpft werden können. Je nach Krankheit ist eine bestimmte Durchimpfungsrate der Bevölkerung erforderlich, um die Herdenimmunität zu erreichen. Bei den Masern liegt diese bei 95 Prozent, bei Covid-19 hält man 70 Prozent für ausreichend. Dies bezieht sich selbstverständlich auf die Gesamtbevölkerung. Da gegen Covid-19 zunächst kein Impfstoff für Kinder zugelassen wurde, müssen in der erwachsenen Bevölkerung dementsprechend mehr Menschen geimpft werden.

Sollte die Impfbereitschaft in Deutschland und Frankreich also im Laufe des Jahres 2021 nicht ansteigen, wird die Herdenimmunität in diesen Staaten – und vielen anderen, für die es noch keine Zahlen gibt – auf absehbare Zeit nicht erreicht werden können.

Impfgegner gibt es nicht erst seit Corona, sondern seit der Entdeckung der ersten Schutzimpfung, weshalb es fast 200 Jahre von der Einführung einer wirksamen Pockenimpfung bis zur Eliminierung der Pocken dauerte. »Kaum waren die ersten Impfungen verabreicht, versammelten sich auch schon die Impfgegner(/)innen, gründeten Vereine, eine eigene Zeitschrift nannte sich ›Der Impfgegner‹. Ihre Kritik: Impfungen seien wirkungslos, unnatürlich, giftig und verursachten schlimmere Schäden als die Krankheiten, gegen die sie immunisieren sollten«, fasst Mira Landwehr die Geschichte der Impfgegnerschaft zusammen. »In ihrem verqueren Denken stilisieren die Impfgegner sich selbst als die neuen Juden und potentiellen Opfer einer großangelegten Verschwörung (...). Es kursiert das Gerücht, Pharmaunternehmen würden abgetriebene Föten zur Gewinnung von Impfstoffen benutzen.«[38] Eine weitere moderne Variante antisemitischer Legenden von Ritualmorden und jüdischen Brunnenvergiftern.

Impfgegner gibt es nicht nur unter (offensichtlich) politisch rechten, sondern auch bei linken Aufklärungsgegnern. Die Studie *Politische Soziolo-*

38 Mira Landwehr: »Ab mit Impfschaden«, in **konkret 6/19**.

gie der Corona-Proteste von Oliver Nachtwey et al. bestätigt dies: 23 Prozent der Befragten gaben an, bei der letzten Bundestagswahl Bündnis 90/Die Grünen gewählt zu haben und 18 Prozent die Linkspartei.[39] Da die Umfrage nur bei einzelnen »Hygiene-Demonstrationen« und sonst online, beworben in Telegram-Chat-Gruppen der Corona-Leugner, durchgeführt wurde, ist sie nicht repräsentativ für die gesamte Szene der Maßnahmengegner.

Zu den sich progressiv gerierenden Gruppen gehören die Anthroposophen, aus denen sich vor allem in Baden-Württemberg die »Hygiene-Demonstranten« rekrutieren. Anthroposophen sehen in jeder Krankheit vor allem eine »Chance«. Wer sie überlebt, kann dadurch »schlechtes Karma«, das überhaupt erst zur Erkrankung geführt habe, ausgleichen. Zugegeben, diese Darstellung ist verkürzt; mehr Sinn ergibt sie in voller Länge keineswegs.

Immer wieder fielen in den vergangenen Jahren Waldorfschulen als Masernbrutstätten auf, weil dort nur zwischen 40 und 60 Prozent der Kinder über einen ausreichenden Impfschutz verfügen. Gesamtgesellschaftlich liegt diese Quote nach Angaben des Robert-Koch-Instituts aktuell bei 93 Prozent, die Zielzahl für eine Herdenimmunität bei 95 Prozent. Ohne Waldorfeltern hätte es die erst 2020 eingeführte Masernimpfpflicht nicht gebraucht. Dennoch folgen die Masern nicht dem Gang der Pocken, denn anthroposophische »Ärzte« stellen genauso gern und viel Impfbefreiungen per Attest aus, wie sie Maskenbefreiungen verteilen. Per Post durch die ganze Republik verschickt, brachte das einigen dieser »Alternativmediziner« polizeiliche Ermittlungen und Praxisdurchsuchungen ein, unter anderem in Hamburg und Nürnberg.

Neben den altbekannten Steiner-Freunden überkommt Impfskepsis mit zunehmender Dauer der Pandemie auch bis dahin regressiver Tendenzen eher Unverdächtige. So raunt Maria Wölflingseder, Redakteurin der wertkritischen Zeitschrift »Streifzüge«, Impfungen seien »hinsichtlich ihrer Sicherheit die am schlechtesten untersuchten Arzneimittel ... Wer sich (...) Studien zur Sicherheit von Impfungen genauer ansieht, der könnte jedes Vertrauen in das Gesundheitswesen verlieren. Unabhängige Studien gibt es kaum.«[40] Versehen mit einem dem Medium angemessenen Schuss Kapitalismuskritik schwurbelt sie weiter: »Die Korrelation zwischen dem Fehlen jeglicher Grippeimpfforschung und den besonders hohen Profiten, die Konzerne mit diesem Impfstoff lukrieren, scheint jedoch höchst signifikant zu sein.« Was

---

39 Oliver Nachtwey / Robert Schäfer / Nadine Frei: *Politische Soziologie der Corona-Proteste. Grundauswertung*. Universität Basel, 17. Dezember 2020.
40 Maria Wölflingseder: »Das Impfwesen – ein Akutpatient«, in »Streifzüge« 80/2020.

Wölflingseder für objektive Quellen hält, ist größtenteils weithin bekannte Impfkritikliteratur.

Allen voran der homöopathische Kinderarzt Martin Hirte, dessen Buch *Impfen Pro & Contra. Das Handbuch für die individuelle Impfentscheidung* (Knaur 2001) sie als »Standardwerk« bezeichnet – ein Standardwerk für Impfgegner, wobei »individuelle Impfentscheidung« der Code für Impfgegnerschaft schlechthin ist. Daneben liefern ihr der vorgebliche »Experte« Bert Ehgartner sowie die »Ärzte« Steffen Rabe und Klaus Hartmann Stichworte. Rabe ist zweiter Vorsitzender des Vereins der anthroposophischen »Ärzte für individuelle Impfentscheidung«, in dem auch Hirte Mitglied ist. Sie alle arbeiten in ihren Werken mit halb- oder unwissenschaftlichen Argumenten, um die »individuelle Impfentscheidung« von Eltern negativ zu beeinflussen. So stellen sie sich als ausgewogene Kritiker dar, die nicht verbieten wollen, sondern bloß Ängste schüren und pseudomedizinisch verklären.

Ein weiteres Beispiel: Sahra Wagenknecht (Linkspartei) zeigte sich schon vor der Zulassung der ersten Impfstoffe in Deutschland »beunruhigt (...), dass wir jetzt in sehr, sehr kurzer Zeit eine solche Zulassung bekommen«, weil »in einer so kurzen Zeit Langzeitwirkungen und Langzeitfolgen gar nicht erforscht sein können«. Sie sei »ein ausdrücklicher Freund von Impfungen«, und »als erstes werden natürlich die Risikogruppen geimpft, nämlich sehr alte Menschen«. Das fand Wagenknecht noch »plausibel«, aber sorgte sich gleich auch schon vor der Ausweitung der Impfkampagne auf jüngere Menschen: »Ich sehe jetzt eine Debatte anrollen, wo ich größte Sorge habe, wie die ausgeht (...), dass es zu so einer Art staatsbürgerlicher Pflicht wird, sich impfen zu lassen (...), um seine Mitmenschen zu schützen.«[41] Wagenknecht, die selbst noch der teilweisen Impfpflicht in der DDR unterlag und über die ausbleibenden Impfschäden Bescheid wissen müsste, versucht hier einen Widerspruch zwischen einer bisher nicht existierenden Impfpflicht und dem Schutz der »Mitmenschen« aufzubauen, statt aus Solidarität zum Impfen aufzurufen.

Auch nach dem Start der deutschen Impfkampagne blieb Wagenknecht dem Thema treu und fragte im März: »Was sind das eigentlich für Impfstoffe, die wir da bekommen? Wie sicher sind sie? Wie wirken sie? Und war es wirklich alternativlos, sich einigen Pharmakonzernen derart auszuliefern

---

41 Sahra Wagenknecht: »Rettet uns die Impfung? Mein Ausblick auf 2021«, Folge ihres Videoblogs »Bessere Zeiten – Wagenknechts Wochenschau« vom 10. Dezember 2020.

und von ihnen abhängig zu machen?«[42] Statt Antworten zu liefern, die sich in allen großen Medien mehr oder weniger massenverständlich finden ließen, mystifiziert Wagenknecht die Impfstoffe zum unheimlichen Unbekannten. Was man nicht kennt und nicht sehen kann, muss gefährlich sein. Keine Antworten liefert auch das von ihr empfohlene Buch *Corona-Impfstoffe: Rettung oder Risiko?* von Clemens G. Arvay (Quadriga 2021).

»Arvay reitet auf der Welle der vermeintlich alternativen Covid-19-Berichterstattung«, konstatierte Mira Landwehr zu dessen erstem Werk mit Pandemiebezug, *Wir können es besser: Wie Umweltzerstörung die Corona-Pandemie auslöste und warum ökologische Medizin unsere Rettung ist* (Quadriga 2020): »In seinen hunderttausendfach angeklickten Youtube-Videos wiederholt der Spaziergänger (Arvay) gebetsmühlenartig, weder Impfgegner noch ›Verschwörungstheoretiker‹ zu sein. Zugleich macht er sich jedoch Kampfbegriffe dieser Szene zu eigen, wenn er vom ›Impfstoffwahn‹ und von ›Hetze‹ gegen Impfgegner spricht. Diese wiederum erfreut das oberflächlich wissenschaftlich erscheinende Auftreten des Autors, auf den sie ihre Verschwörungsphantasien stützen können. Dazu passt vor allem Arvays exzessives Gerede von der vermeintlichen Übermacht des ›Impfstoff-Regisseurs‹ Bill Gates.«[43] Arvays Impfbuch schaffte es damit auf Platz eins der »Spiegel«-Bestsellerliste.

Ein positives Gegenbeispiel für Impfratgeber ist der *Fakten-Check Impfen – Pro & Contra auf den Grund gegangen*, denn er klärt tatsächlich auf. Die Autorinnen und Autoren behandeln neben Wirkung, Aufbau und Bedeutung der diversen Impfungen auch alle geläufigen Argumente der Impfgegner, weshalb dieses Buch nicht nur für Eltern, die sich fragen, ob sie ihr Kind impfen lassen sollen, sondern auch für alle anderen ein gutes Nachschlagewerk ist – und zusätzlich noch hochaktuell: »Seit der Covid-19-Pandemie verbrei-tet sich der Mythos, über Impfungen würden Chips in Menschen gespritzt, die wahlweise das Verhalten von Menschen kontrollieren oder sie töten könnten. Eingebettet ist diese Idee oft in antisemitische Erzählungen (...), eine kleine Elite von Menschen (...) habe zum Ziel, den Rest der Menschheit zu beherrschen. Diese Verschwörungserzählung diente bereits im Nationalsozialismus als eine der Rechtfertigungen für die angebliche Notwendigkeit des Holocaust. Sie verband sich bestens mit der Behauptung, Impfun-

42 Sahra Wagenknecht: »Risiken und Nebenwirkungen – Wie sicher sind die Corona-Impfungen?«, Folge ihres Videoblogs »Bessere Zeiten – Wagenknechts Wochenschau« vom 18. März 2021.

43 Mira Landwehr: »Rettung aus dem Wald«, in »Jungle World« 49/2020.

gen seien nur eine Methode ›verjudeter Schulmediziner‹, Geschäfte zu machen.«[44]

Impfgegnerschaft korreliert nicht nur mit Verschwörungserzählungen, sie gehört zu ihnen und ist Ausdruck von Aufklärungs- und Wissenschaftsfeindlichkeit. »Wenn die Corona-Leugner davon faseln, wir bekämen durch Impfungen Chips eingespritzt, die uns steuern sollen, oder es würden gewaltige globale Menschenversuche laufen (…), dann enthält dieser Wahn eine dunkle Ahnung von den ›Experimenten‹, die die Nazis in den Konzentrationslagern tatsächlich durchgeführt haben«, ergänzt Olaf Kistenmacher. »Sich impfen zu lassen, heißt (…) nicht nur, sich der rationalen ›Schulmedizin‹ unterzuordnen, sondern sich einer unsichtbaren Macht auszuliefern, deren Wirkung sich erst in der Zukunft zeigt. Es ist wenig verwunderlich, dass das gerade diejenigen nicht wollen, die von einem Fetisch des vermeintlich Körperlichen, Konkreten und Sichtbaren besessen sind, während sie die Personifikation des Abstrakten – der nüchternen Vernunft, des ›abstrakten Reichtums‹ und des globalen Kapitals – verabscheuen und aus der Welt schaffen wollen.«[45]

Jeder impft für sich allein

Das Gesellschafts- und Brettspiel »Pandemie« ist eine Anomalie auf dem Spielemarkt: Anstatt gegeneinander zu spielen, müssen die Teilnehmer kooperieren, um das Spiel zu gewinnen und die Pandemie zu besiegen. Ganz realistisch, bloß gibt es in der Realität statt einer Runde Mitspieler nationale Interessen, die regelhaft dazu führen, dass am Ende alle verlieren.

In über 100 Staaten ist bis Ende März 2021 noch keine einzige Ampulle Impfstoff angekommen, in vielen anderen nur sehr geringe Mengen, die dann ausschließlich für die Führungsriegen bestimmt sind. So erhielt beispielsweise Jordanien 200 Dosen Sputnik V von der palästinensischen Autonomiebehörde, um seine Königsfamilie zu impfen. Hingegen sicherten »sich die reichsten Nationen – in denen 13 Prozent der Weltbevölkerung leben – schon (im Sommer 2020) mehr als die Hälfte der in naher Zukunft verfügbaren Impfdosen«, berichtet Johannes Simon. »Die reichen Industrieländer waren nicht einmal bereit, die Profitinteressen der maßgeblichen Pharmaunternehmen zu beschneiden, um auf diese Weise eine schnelle Verteilung der

44 Nicola Kuhrt / Jan Oude-Aost / Cornelia Betsch: *Fakten-Check Impfen – Pro & Contra auf den Grund gegangen*. Gräfe und Unzer 2021.
45 Olaf Kistenmacher: »Volkskörperpflege I«, in **konkret 2/21**.

Impfstoffe zu ermöglichen.«[46] An internationalen Kooperationen, die darauf abzielen, pharmazeutische Forschungsergebnisse in bezug auf Corona für die Weltöffentlichkeit freizugeben, beteiligen sich bislang fast ausschließlich die ohnehin abgehängten Nationen. Die Industrienationen schützen hingegen das »geistige Eigentum« ihrer »heimischen« Pharmaunternehmen.

Zwar wurde bereits im April 2020 das Projekt Covax (Covid-19 Vaccines Global Access) unter Schirmherrschaft der WHO gegründet, das Impfstoffe für Staaten beschaffen soll, die sie sich nicht leisten können – mit dem Motto »No one is safe until everyone is safe«. Daran beteiligen sich neben der überwiegenden Mehrheit aller Staaten zahlreiche Pharmafirmen und große Stiftungen (unter anderem die viel verteufelte von Bill Gates). Allerdings soll durch Covax bis Ende 2021 nur Impfstoff für jeweils 20 Prozent der Bevölkerung der 92 ärmsten Länder der Welt bereitgestellt werden. Das wäre viel zu wenig; zudem ist nicht einmal klar, ob dieses Ziel überhaupt erreicht werden kann. Denn derzeit deutet nichts darauf hin, dass Covax bevorzugt beliefert wird. Vielmehr drohen und spielen immer mehr Staaten, darunter auch die EU, mit Exportstopps für Covid-19-Impfstoffe. »Wenig idealistisch ist auch die Politik der Bundesregierung – vielmehr zeigt sich in ihr unverblümt die nationalstaatliche Konkurrenz«, erklärt Stefan Wirth. So »konkurrierte Deutschland ungeachtet des Bekenntnisses zu Covax sowohl allein als auch im Verbund mit der EU mit anderen Staaten und sicherte sich so Optionen für viele Millionen zukünftiger Impfdosen«.[47]

In Talkshows und Kommentarspalten mühten sich im März 2021 manche, den »Impfstoffnationalismus« von seinem negativen Image zu befreien. So verkündete Norbert Röttgen (CDU) am 29. März bei »Hart aber fair«: »Wir müssten wieder ein bisschen deutscher werden (...). Wir haben es ein bisschen übertrieben mit dem moralischen Imperativ ›Kein Impfstoffnationalismus!‹« Zuerst müsse »der demokratische Staat«, also der deutsche, sich um »seine Bürger kümmern«. Dass eine Pandemie so nicht gestoppt werden kann, erwähnte Röttgen genausowenig wie die Pointe, dass Impfstoffnationalismus längst deutsche Staatsräson war.

Deutschland hofft, dadurch möglichst schnell genügend Bundesbürger geimpft zu haben, um zurück in die »Normalität«, die heute als paradiesische Zeit erscheint, zu kommen. Damit folgt die Regierung dem Willen

---

46 Johannes Simon: »Das Kapital in Dosen«, in **konkret 1/21**.
47 Stefan Wirth: »Global verkaufen, national impfen«, in »Jungle World« 47/2020.

des Volkes, möglichst schnell wieder reisen und feiern zu können. Mit ihrer Werbekampagne – Titel: »Deutschland krempelt die Ärmel hoch« – feuerte die Regierung diese Erwartungen auf schnelle Normalisierung an, obwohl klar war, dass es dauern würde, bis die »Massen« an die Reihe kommen. Diese Erkenntnis übersetzte sie dann in den Slogan »Wir lassen uns impfen. Aber Oma zuerst« und nahm noch das angeblich unwillige Pflegepersonal (»Die Pflege krempelt die Ärmel hoch«) ins Visier. Diese vermurkste Kampagne fällt umso mehr auf, als die Privatwirtschaft ihr Werbebudget seit Pandemiebeginn zurückzuhalten scheint. Seit dem Frühjahr 2020 konnte man in Hamburg den Eindruck gewinnen, der Realsozialismus sei ausgebrochen, so viel Staatswerbung hängt an Plakatwänden und Litfaßsäulen.

Die Hoffnung auf Rückkehr in das ganz normale Elend für Westeuropa erhält fortwährend durch Nachrichten über Mutationen aus Süden und Norden Dämpfer. Denn wo viele Infektionen sind, sind die Chancen auf Mutationen größer. Während außerhalb der sogenannten ersten Welt an leicht bekämpfbaren Seuchen wie Malaria, Tuberkulose oder HIV Hunderttausende sterben, das aber hierzulande niemanden interessiert, weil es die eigene Lebensführung nicht beeinträchtigt, ist es aussichtslos zu erwarten, dass diese Menschen nun ausgerechnet gegen Corona geimpft werden würden. Zumal dort angesichts eingeschleppter Kolonialkrankheiten, eklatanten Bildungsmangels sowie drängenderen Problemen und allgemeinem Misstrauen gegen die Regierenden kaum mit großer Impffreude gerechnet werden kann. Selbst wenn das Virus aus Europa, Asien und den USA verdrängt wird, wird es mutiert zurückkommen. Zusätzlich beunruhigt die Aussicht darauf, dass der Impfschutz wohl mindestens jährlich aufgefrischt werden muss – immer auch noch angepasst an die neuesten Mutanten.

Die Pandemie zeigt prägnant, dass Kapitalismus und Nationalismus einer alle betreffenden Bedrohung wenig entgegensetzen können. Gleichzeitig wird es immer schwerer, sich ein Ende des Kapitalismus, und immer einfacher, sich ein Ende der Welt vorzustellen. Die ganz andere Gesellschaft scheint unwahrscheinlicher denn je, wenn die sogenannten Massen aller politischen Couleur sich zurück in die Tristesse der »Normalität« sehnen. Wenngleich der Normalvollzug bereits nach einem Jahr Corona nostalgisch überhöht wird, ist er selbstverständlich erstrebenswerter als die Verstetigung des aktuellen Elends – für alle, und insbesondere jene, die ihre Jobs (ganz gleich, wie prekär sie waren) verloren haben, die kein Außen als Alternative zu familiärem Zwangsmiteinander oder Einsamkeit mehr erleben, denen der Ausgleich zum Arbeitseinerlei verlorenging oder die geliebte Menschen nicht mehr sehen dürfen.

Bei aller Kritik an den Krisenlösungsversuchen der Herrschenden im allgemeinen und mitunter im besonderen stellt die Pandemie auch die Linken bloß: ihre Ratlosigkeit im besten Fall oder ihren Wunsch, den Regierenden die besseren Maßnahmenkataloge vorzulegen – teilweise werden die konstruktiven Vorschläge sogar mit einem sehnsüchtigen Hinweis auf die asiatischen Staaten, allen voran China, die die Seuche so perfekt gemeistert hätten, garniert. Im schlechtesten Fall offenbart sie ihre komplette Selbstaufgabe, wenn sie ins Lager der Corona-Leugner, Impfgegner, Maskenmuffel und sonstigen Verschwörungsschwurbler wechseln.